하루 30분씩 30일이면
영문이력서를 쓸 수 있다

하루 30분씩 30일이면
영문이력서를 쓸 수 있다

1판 1쇄 인쇄 2018. 8. 24.
1판 1쇄 발행 2018. 8. 31.

지은이 김지완·김영욱

발행인 고세규
편집 이혜민 | 디자인 조명이

발행처 김영사
등록 1979년 5월 17일(제406-2003-036호)
주소 경기도 파주시 문발로 197(문발동) 우편번호 10881
전화 마케팅부 031)955-3100, 편집부 031)955-3200 | 팩스 031)955-3111

값은 뒤표지에 있습니다.
ISBN 978-89-349-8303-3 04740
      978-89-349-8300-2(세트)

홈페이지 www.gimmyoung.com   블로그 blog.naver.com/gybook
페이스북 facebook.com/gybooks   이메일 bestbook@gimmyoung.com

좋은 독자가 좋은 책을 만듭니다.
김영사는 독자 여러분의 의견에 항상 귀 기울이고 있습니다.

이 도서의 국립중앙도서관 출판예정도서목록(CIP)은 서지정보유통지원시스템 홈페이지
(http://seoji.nl.go.kr)와 국가자료공동목록시스템(http://www.nl.go.kr/kolisnet)에서
이용하실 수 있습니다.(CIP제어번호 : CIP2018026607)

하루 30분씩 30일이면 영문이력서를 쓸 수 있다

김지완×김영욱 지음

3030
English 쓰기 3탄

김영사

Hello

안녕하세요! 〈3030 English〉 쓰기 시리즈의 저자 김지완, 김영욱입니다!

하하하! 반갑습니다.

〈3030 English〉 쓰기 시리즈는 기존 〈Just Write it!〉 시리즈를 〈3030 English〉의 30일 차 구성과 포맷에 맞게 개정하여 재출간한 교재 시리즈입니다.

네 권으로 구성된 본 시리즈는 영어로 일기나 편지, 그리고 자기주장이 있는 글을 정말로 써보고 싶은 분들을 위한 책입니다.

남이 써놓은 글을 읽으면서 나도 그렇게 쓸 수 있겠다는 생각, 단어와 문법을 많이 알고 있기 때문에 웬만한 글쓰기를 할 수 있겠다는 짐작에서 그치는 것이 아닙니다. 본 시리즈는 정말 그런지, 정말 쓸 수 있는지 실제로 펜을 들고 써보자는 책입니다.

말도 해본 사람이 잘하듯, 글도 써본 사람이 잘 쓰지 않을까요?

소설가라면 타고난 재능과 남다른 상상력, 창의력이 훈련을 통해 빛을 발하면서 좋은 글로 나오지만, 일기나 편지, 에세이, 자기소개서와 같이 신변잡기적이고 실용적인 글은 문장가다운 재능이 아니라 각각의 형식에 맞게 자기가 좋을 대로 쓰는 것입니다. 능력이랄 것이 없습니다. 본 시리즈에서 영어로 쓰게 될 글이 바로 그렇습니다. 직접 써보는 연습이 필요한 것이지, 펜을 잡기도 전에 대단한 공부를 해야 하는 그런 것이 아닙니다.

저희 교재는 혼자서는 해볼 엄두가 나지 않는 영작문 책들과 다릅니다.

지금까지 라이팅 관련 책들은 수도 없이 출판되었고, 독자들의 마음을 들 뜨게 하고선 실망만 주었습니다. 그 이유는 라이팅 교재가 아니라 라이팅 교재라는 탈을 쓴, 또 하나의 문법책이었기 때문이죠.

저희는 세계적으로 유명한 영어 글쓰기에 관한 책들을 보며 우리 수준에 맞게, 우리의 학습 습관에 맞게 실질적인 글쓰기 능력을 향상시키는 교재 포맷을 연구하여 이 시리즈를 탄생시켰습니다.

문법, 이젠 지겹지 않으세요? 〈3030 English〉시리즈에서 여러 차례 언급 한 것처럼 지금까지 배운 문법만으로도 충분합니다. 그냥 아는 문법과 어 휘를 사용하여 자기만의 글을 써보는 건 어떨까요? 하루에 30분만이라도 꼬박꼬박 저희와 함께 글을 써봅시다. 정답은 없습니다. 자기가 이해할 수 있게 자기 수준에 맞게 자신감을 가지고 쓰는 것! 이것이 좋은 글쓰기 의 시작입니다. 이 교재는 아주 쉽게 구성되어 있습니다. 너무 깊게 생각 하지 마시고 그냥 편한 마음으로 써보세요. 마음이 동하는 대로 펜을 움 직이세요.

항상 그렇습니다. 단순함 속에 비밀이 있습니다.

This book is

〈3030 English〉 쓰기 시리즈를 소개합니다.

각 권은 그 용도에 맞게 어휘, 원어민이 쓴 영문 샘플, writing tutor가 실려 있습니다. 특히 writing tutor는 어디서도 볼 수 없었던 새롭고 재미있는 내용으로 여러분의 글쓰기를 도와드릴 것입니다.

❖ 쓰기 1탄 '하루 30분씩 30일이면 영어 일기를 쓸 수 있다'

일기 쓰기 책이 시중에 참 많이 나와 있죠? 대부분 문제집처럼 문제를 주고 풀게 시키는 책이더라고요. '하루 30분씩 30일이면 영어 일기를 쓸 수 있다'의 특징이라면 무엇보다 자기가 자유롭게 일기를 써본다는 것이지요. 글은 써본 사람만이 쓸 수 있습니다. 일기도 역시 써본 사람만이 쓸 수 있죠. 기억하세요! 나만의 일기입니다. 그러므로 정답이 없습니다. 자기가 쓰고 이해할 수 있다면 우선은 그것으로 만족하세요.

❖ 쓰기 2탄 '하루 30분씩 30일이면 영어 편지와 소설을 쓸 수 있다'

이제부터는 상대방을 염두에 두는 글을 써볼까요? 1탄은 일방적인 나만의 글이었잖아요. 상대방에게 쓰는 가장 대표적인 글은 편지입니다. 편지는 크게 두 가지로 나눌 수 있죠. 가까운 사이에 쓰는 것과 회사 등에 보내는 공적인 서신, 이렇게요. 이 두 종류는 쓰는 표현이나 문장 형식이 확연히 다르답니다. 잘 눈여겨봐두세요. 그리고 '소설 쓰기', 재미있을 것 같지 않나요? 상상의 나래를 펼치며 재미있는 글을 만들다 보면 나도 모르게 영어 실력이 한 단계 올라가 있을 겁니다.

✱✱ 쓰기 3탄 '하루 30분씩 30일이면 영문이력서를 쓸 수 있다'

취업을 앞둔 여러분, 그리고 직장을 옮길 마음이 있는 분들에게 강력 추천합니다. 판에 박힌 이력서와 자기소개서가 온갖 교재와 인터넷 관련 사이트에 수도 없이 등장합니다. 이런 것을 그대로 단어만 바꿔 썼다가는 좋은 결과를 기대할 수 없겠지요. 이 책에서는 이런 서류를 작성하는 기본을 익히고, 더 나아가 나만의 톡톡 튀는 이력서와 자기소개서를 하나씩 만들어보도록 합니다.

✱✱ 쓰기 4탄 '하루 30분씩 30일이면 토플 에세이를 쓸 수 있다'

우리가 영어로 글을 쓰는 데 관심을 갖게 된 직접적인 계기가 바로 토플에서 에세이 형식의 라이팅 시험이 필수가 되면서부터였다는 것, 기억하나요? 토플 에세이는 제시되는 논제에 대해 서론, 본론, 결론에 맞추어 자신의 주장을 논리 정연하게 쓰는 가장 표준적인 글이랍니다. 여기서는 자기 생각을 전개하는 방법에서부터 글로 명료하고도 효과적으로 펼칠 수 있는 길을 제시합니다.

자, 잘 따라오세요.

Application

이 책의 활용 수칙

엄수하자!

하나.
〈3030 English〉 쓰기 시리즈는 '공부한다'는 생각보다는 '글쓰기 체험을 한다'는 생각으로 임합니다.

둘.
저자들의 지시를 절대적으로 믿고 따라 합니다.

셋.
머리로 깊게 생각하지 말고 떠오르는 대로, 펜 가는 대로 그냥 '무조건' 써 봅니다.

넷.
연습이 중요한 만큼, 하루 30분은 반드시 영어로 글을 씁니다.

다섯.
글은 자기 수준에 맞게 씁니다. 자신이 아는 문법과 단어로 씁니다.
사전이나 다른 참고도서를 뒤적이지 말고, 이미 아는 것을 활용하는 연습 부터 합니다.

Contents

차례

Part 1

이력서를 쓰자

나의 능력과 성장 가능성을 한눈에 보여주는

독창적인 이력서를 쓰기 위한 A부터 Z

1 성공적인 이력서(Resume)란?

1. Be Original! 독창적일 것!

일반적인 국문이력서는 정해진 규격이나 서식, 양식이 있어서 해당란에 학력과 경력, 취득한 자격 등을 조목조목 적어넣도록 돼 있습니다. 심지어 컴퓨터의 문서 작성 프로그램에 있는 이력서 포맷을 그대로 사용하기도 하죠. 국내 기업 대부분이 지원자에게 그 이상의 이력서를 요구하지도 않고, 지원자도 이력서로 자신을 어필하겠다는 생각은 별로 없습니다. 심지어 그런 의도가 반감을 주는 경우도 있죠. 구인자도, 구직자도 필요한 사항은 면접 때 직접 물어보면 된다고 생각하기 때문에 이력서는 형식이자 면접으로 가는 첫 관문에 불과합니다.

하지만 영문이력서는 정해진 양식이 없습니다. 사람들이 참고로 하는 일정한 이력서 모델은 있지만, 그것이 절대적으로 옳거나 유일한 포맷은 아닙니다. 서식이 '독창적인가, 아닌가'는 있어도 '맞다, 틀리다'는 없는 것이죠. 몇 가지 중요한 요소를 포함시켜서 자신의 스타일에 맞게 만들어내는 것입니다.

2. Know What They're Looking for! 그들이 원하는 바를 파악하라!

국내의 외국계 기업에서는 보통 국문 및 영문이력서 모두를 요구하고, 국내 기업 중에서도 영문이력서를 요구하는 경우가 있습니다. 국내 외국계 기업에서 직원을 채용하는 목적은 크게 두 가지입니다. 첫째, 즉시 업무 투입이 가능한 경험 있는 인재를 찾는 경우이고, 둘째는 앞으로 키워나갈 젊은 인재를 찾는 경우입니다.

전자의 경우, 기업이 요구하는 경력이나 자격을 구비한 사람을 채용하게 됩니다. 지원자가 맡게 될 업무의 범위나 직책이 처음부터 명확하게 정해져 있다는 뜻으로, 가능하면 필요한 능력을 이미 갖추고 있는 사람을 채용하게 되겠죠. 그러므로 이력서에서 해당 직책과 업무에 필요한 기술, 지식, 실전 경험, 자격 등을 상세하게 보여주어야 합니다. 후자는, 경력보다는 성장 가능성과 기업이 추구하는 인성적 자질이 엿보이는 인물을 발굴하여 장기적으로 유능한 인재로 키워나갈 것을 염두에 두는 채용입니다. 이 경우에는 자신의 인간적인 면이라든가 성장배경 등을 보여주는 자기소개서와 비슷한 cover letter나 직접 회사 측과 대면하는 면접(interview)이 더 큰 비중을 차지하게 될 것입니다.

3. Sell Yourself! 자신을 팔아라!

예를 들어, 모 기업에서 매우 훌륭한 상품을 만들어냈다고 합시다. 세상에 하나밖에 없는 유일한 제품이며 소비자가 원하는 다양한 용도로 쓸 수 있습니다. 물론 판매자는 조금이라도 더 비싼 값에 팔고자 할 것입니다. 이때 우선적으로 필요한 것이 제품의 용도와 장점에 대해 쉽고 명료하게 소개된 제품설명서입니다. 이 설명서를 본 소비자에게 사야겠다는 판단이 들게끔 만들어야 합니다. 아니면 적어도 바로 구입하지 않더라도 제품을 직접 한번 봐야겠다는 마음이라도 들게 해야 합니다. 마찬가지로 이력서도 고용주(employer)로 하여금 인터뷰를 통해 '한번 만나봐야겠다'는 호기심을 불러일으켜야 합니다. 따라서 이력서는 매우 중요한 '자기 세일즈' 도구인 셈이죠.

고용주에게 나의 어떤 특징을 보여줄 수 있을지 다음 질문에 답해보세요.

1. 어떤 능력으로 기업에 기여할 수 있는가?
2. 어떤 면에서 다른 구직자들보다 회사에 더 큰 보탬이 될 것인가?
3. 업무와 인간관계에서 부딪히는 크고 작은 문제를 해결할 자질 혹은 능력이 있는가?
4. 희망 연봉을 받을 만한 가치를 갖추고 있는가?

2 이력서 작성 시 꼭 기억해야 할 점

1. 시선을 사로잡도록!

본인이 하루에 수십, 수백 장의 이력서를 검토해야 한다면 어떤 이력서에 가장 마음이 끌릴까요? 내용은 물론 이력서의 스타일 역시 읽는 사람의 입장에서 충분히 생각한 후 작성합니다.

2. 솔직하게!

허위나 과장은 금물! 기억하세요, 인터뷰 중에 사실 여부가 드러나게 마련입니다.

3. 간단하되 구체적으로!

상대방이 짧은 시간 내에 나의 인적사항에 대해 파악할 수 있도록 해야 합니다. 자신의 능력이나 장점을 돋보이게 할 만한 사항을 포함하여 호감을 갖게 하는 것도 중요합니다.

4. 신중하게!

충분한 시간적 여유를 가지고 차분하게 작성하세요. 이력서는 본인의 모든 것을 몇 장의 종이에 담아야 하는 만큼 신중하게 반복 검토하는 과정을 거쳐야 합니다.

이력서 쓰기 전 체크리스트

1. 나는 어떤 업무(job)를 원하는가?

신입이든 경력이든 정확하고 구체적인 경력 경로(career path)를 적는 것이 중요합니다. 회사에 적합한 인재인지 판단하는 첫 번째 요소이거든요.

2. 이력서를 제출할 회사에 대해 무엇을 알고 있는가?

다른 후보들과의 경쟁에서 돋보이려면 지원하는 기업에 대한 사전 정보는 필수입니다.

3. 지원하려는 직책, 직종에 대해 무엇을 알고 있는가?

희망 직책 또는 채용 직책에 요구되는 능력을 사전 조사하여 필요조건을 충족하고 있음을 보여줄 수 있어야 합니다.

4. 어떠한 형식의 이력서를 쓸 것인가?

가장 선호하는 이력서 형식은 reverse chronological format입니다. 최근부터 과거로 거슬러 올라가는 순으로 경력을 나열하는 것이죠. 단도직입적인 접근으로, 고용주로 하여금 지원자의 모든 것을 한눈에 파악할 수 있게 해준다는 특징이 있습니다. 이것이 자신에게 맞지 않는다고 판단되면 어떤 형식으로 쓸지에 대한 고민이 필요합니다.

4 조금은 다른 이력서 문법

이력서에 쓰는 문법은 실제 우리에게 익숙한 문법과 조금 다를 수 있습니다. 이력서의 전반적인 분위기나 어조에서 전문적이고 깔끔한 인상을 주기 위해서는 아래 사항에 주의해야 합니다.

1. I, We 같은 대명사를 쓰지 마세요.

이력서를 읽는 쪽에서는 이미 당신에 대한 글이라는 것을 알고 있습니다. 이런 대명사는 불필요합니다. 동사로 시작하세요. 가령 일곱 명으로 구성된 프로젝트 팀의 책임자였다면, Supervised a project team of 7 people이라고 쓸 수 있겠죠.

2. 조동사 사용을 자제하세요.

Might, had, have 같은 단어는 뭔가 불확실하며, 신뢰할 만한 느낌을 주지 않습니다. 예를 들어 have trained보다 trained를 쓰세요.

3. 문장은 되도록 짧고 단순하게!

자신의 문장력을 과시하기 위해 지나치게 길고 복잡한 글을 쓴다든가 접속사를 사용해서 문장을 늘어지게 하는 것은 절대로 피해야 합니다. 채용 담당자는 복잡한 문장을 하나하나 따져가며 읽을 여유가 없습니다. 지나치게 어려운 단어 사용도 자제하세요.

4. 수동보다는 능동 표현을 사용하세요.

Research was conducted보다 conducted research가 더 깔끔하고 자신감 있게 들립니다. 이력서에서 수동태 문장은 왠지 수동적인 사람이라는 느낌을 줄 수 있습니다.

5. 구어와 속어 사용은 절대 금물!

이런 표현은 이력서의 전문성과 진지함을 손상시키며, 성의 없이 작성된 느낌마저 줍니다. 사용하고 싶은 단어가 속어인지 아닌지 애매할 때는 꼭 사전을 참고하세요.

6. 생략(abbreviation)형의 사용을 피하세요.

이력서는 매우 실용적인 문서입니다. 읽는 사람이 누구든 쉽게 이해할 수 있도록 배려하세요.

5 이력서 작성에 유용한 동사

| 사무 관련 |

- administer 관리하다
  He *administered* an organization. 그는 조직을 관리했다.

- plan 기획하다
  I *planned* out a new system. 나는 새로운 시스템을 기획했다.

- allocate 배분하다, 할당하다
  We need to *allocate* more money to our project.
  우리는 프로젝트에 좀 더 많은 돈을 할당할 필요가 있다.

- process 처리하다
  The department will *process* your orders within a few days.
  그 부서는 당신의 주문을 며칠 안에 처리할 것이다.

- assist 돕다, 거들다
  She *assisted* me in my work. 그녀는 내 일을 도왔다.

- record 기록하다, 녹음하다
  His speech has been *recorded* on a tape.
  그의 연설은 테이프에 녹음되었다.

- award (상을) 수여하다
  He was *awarded* a gold medal for his excellent performance.
  그는 훌륭한 연주로 금메달을 받았다.

- schedule (일정을) 잡다
  He *scheduled* the meeting. 그는 회의 일정을 잡았다.

- budget (예산을) 세우다
  The government *budgeted* for the next year.
  정부는 내년 예산 계획을 세웠다.

- screen 심사하다, 가려내다
  I employed a secretary to *screen* my phone calls.
  나는 걸려오는 전화를 가려내기 위해 비서를 고용했다.

- complete 완성하다
  I *completed* the whole course.
  나는 전 과정을 마쳤다.

- solve 풀다, 해결하다
  Nobody has ever *solved* the mystery.
  누구도 미스터리를 풀지 못했다.

- coordinate 통합하다, 조정하다
  We need to *coordinate* the policy.
  우리는 정책을 조정할 필요가 있다.

- distribute 분배하다, 배당하다
  He *distributed* the company's profit fairly.
  그는 회사의 이윤을 공평하게 분배했다.

- draft 선발하다, 발탁하다
  He was *drafted* into the army.
  그는 군대에 징집됐다.

- evaluate 평가하다, 사정하다, 어림잡다
  He *evaluated* the cost of the damage.
  그는 손해액을 사정했다.

- execute 수행하다
  All orders will be promptly *executed*.
  모든 주문은 신속하게 처리될 것이다.

- formulate (계획 등을) 조직적으로 세우다
  The president *formulated* the foreign policy.
  대통령은 외교 정책을 수립했다.

- implement (약속, 계획 등을) 이행하다, 실행하다
  It is increasingly difficult to *implement* the agreement.
  그 협약을 이행하기가 점점 더 어려워지고 있다.

- maintain 지속하다, 유지하다; 주장하다
  A great man can *maintain* dignity in any state.
  위인은 어떠한 상태에서도 위엄을 유지할 수 있다.

- manage 경영하다, 관리하다
  She *manages* investment.
  그녀는 투자 자금을 관리한다.

- operate 운영하다, 관리하다
  He *operates* a hotel in London.
  그는 런던에서 호텔을 경영한다.

- organize 조직하다, 창립하다, 정리하다
  He *organized* a venture business.
  그는 벤처기업을 설립했다.

| 기술 관련 |

- analyze 분석하다
  We are *analyzing* the situation.
  우리는 상황을 분석 중이다.

- market 거래하다, 팔다
  It is *marketed* as a low alcohol wine.
  그것은 도수가 낮은 알코올 와인으로 팔린다.

- classify 분류하다
  He *classified* the documents into small groups.
  그는 문서를 작은 단위로 분류했다.

- modify 변경하다, 수정하다
  The office software has been *modified* over the years.
  사무용 소프트웨어는 몇 년에 걸쳐 수정되어왔다.

- comply (요구에) 응하다, 따르다
  She always *complies* with the rules.
  그녀는 항상 규칙을 따른다.

- mold 형성하다, 지대한 영향을 미치다
  The experience *molded* her whole life.
  그 경험은 그녀의 전 생애에 지대한 영향을 미쳤다.

- compute 계산하다, 산정하다
  The scientists *computed* the distance of Mars from Earth.
  과학자들은 지구와 화성 간의 거리를 계산했다.

- program 프로그램을 짜다
  The computer is *programmed* to warn users before information is deleted.
  그 컴퓨터는 정보를 삭제하기 전에 사용자에게 경고하도록 프로그램되어 있다.

- design 설계하다, 고안하다
  Did you *design* the new logo? 새 로고를 만드셨어요?

- restore 재건하다, 복원하다; 반환하다
  You have chosen to *restore* the backups.
  백업을 복원하도록 선택했습니다.

- develop 개발하다
  We should *develop* new products. 우리는 신제품을 개발해야 한다.

- carry out 실행하다, 완수하다
  We need to *carry out* the policy properly.
  우리는 그 정책을 제대로 실행할 필요가 있다.

- devise 궁리하다, 고안하다
  He is apt at *devising* new means.
  그는 새로운 도구를 고안해내는 재주가 있다.

- edit 편집하다
  Some articles are well *edited*. 몇몇 기사는 잘 편집되어 있다.

- forecast 예보하다, 예상하다
  What does the graph *forecast* for the following year?
  그래프를 통해 알 수 있는 내년 전망은 어떻습니까?

- generate 초래하다, 발생시키다
  Friction *generates* heat. 마찰하면 열이 발생한다.

- install 장치하다; 임명하다
  Why did you decide to *install* a new system?
  왜 새로운 시스템을 설치하기로 결정했습니까?

- integrate 통합하다, 완성하다
  The government tried to *integrate* blacks and whites.
  정부는 흑인과 백인을 통합시키려고 노력했다.

| 커뮤니케이션 관련 |

- address 말을 걸다, 연설하다
  She *addressed* her remarks to us.
  그녀가 우리에게 의견을 말했다.

- promote 진행시키다, 승진시키다
  She worked hard and was soon *promoted*.
  그녀는 열심히 일했고 곧 승진되었다.

- arbitrate 중재하다, 조정하다
  He *arbitrated* a dispute regarding wages.
  그는 임금에 대한 논쟁을 조정했다.

- proofread 교정하다
  She *proofreads* 3 pages an hour.
  그녀는 한 시간에 세 페이지를 교정본다.

- brief 요약하다
  He *briefed* the meeting for us.
  그는 우리에게 그 회의에 대해 요점을 말했다.

- publicize 공표하다, 광고 · 선전하다
  Schools need to *publicize* their exam results.
  학교 당국은 시험 결과를 공표할 필요가 있다.

- consult 의논하다
  Consult your partner before deciding.
  결정하기 전에 협력자의 의견을 듣도록 하세요.

- recruit 모집하다, 가입시키다
  We *recruit* volunteers for charity work.
  우리는 자선사업을 위한 자원봉사자를 모집한다.

- correspond 전달하다; 일치하다; 부합하다
  He wishes to *correspond* with her.
  그는 그녀와 편지로 왕래하길 바란다.

- summarize 요약하다
  She *summarized* the plot for the class.
  그녀는 학급의 학생들에게 줄거리를 요약해주었다.

- educate 교육하다
  He was *educated* at Winchester and Oxford.
  그는 윈체스터와 옥스퍼드에서 교육받았다.

- teach 가르치다
  She *taught* herself how to speak English.
  그녀는 영어회화를 독학했다.

- familiarize 익숙하게 하다
  I bought a guidebook to *familiarize* myself with the country before
  I went there.
  나는 그 나라에 가기 전에 그곳에 익숙해지기 위해 안내책자를 샀다.

- translate 번역하다, 해석하다, 설명하다
  The teacher asked him to *translate*.
  교사는 그에게 번역하라고 했다.

- interpret 통역하다, 해석하다
  She *interpreted* a difficult passage in a book.
  그녀는 책의 난해한 대목을 해석했다.

- interview 면접하다
  We had an *interview* with the film star.
  우리는 그 영화배우와 인터뷰했다.

- introduce 소개하다

  Allow me to *introduce* my wife.

  제 아내를 소개할게요.

- investigate 자세히 조사하다, 수사하다

  The police are *investigating* the murder.

  경찰은 그 살인사건을 수사 중이다.

- lecture 강연하다, 설교하다; 잔소리하다

  He *lectures* on history at the university.

  그는 대학에서 역사를 강의한다.

- judge 재판하다, 판단하다

  Don't *judge* others too harshly.

  다른 사람들을 너무 호되게 비판해서는 안 된다.

- mediate 조정하다, 중재하다

  The government is trying to *mediate* a peace settlement.

  정부는 평화를 이루기 위해 중재하고자 노력하고 있다.

- negotiate 협상하다

  They refused to *negotiate*.

  그들은 협상을 거부했다.

- order 명령하다, 지시하다

  A policeman *ordered* me to stop the car.

  경찰관이 내게 차를 세우라고 했다.

이력서 작성에 필요한 능력

- 이력서의 골격을 짤 수 있는 능력
- 자료를 일목요연하게 정리할 수 있는 능력
- 맞춤법(스펠링, 문법, 구두점)
- 컴퓨터를 이용한 간단한 문서 작성 능력

이력서를 단번에 완벽하게 쓰려는 욕심은 버리세요. 종이에 초안을 간략하게 작성하고 수정을 여러 번 거친 후 컴퓨터 앞에 앉으세요. 처음부터 모니터 앞에서 모든 것을 한 번에 해결하려다 보면 내용과 형식을 동시에 신경 써야 하므로 더욱 스트레스받을 수 있습니다. 초안(draft copy)이 어느 정도 틀이 잡히면 컴퓨터를 이용해 작성해보세요.

어떤 사람들은 Universal Resume를 작성하는 경향이 있습니다. Universal Resume란 모든 회사나 직책, 분야에 지원할 수 있는 광범위한 이력서를 말합니다. 각기 다른 분야의 회사에 한 가지 이력서로 지원하는 방식은 별로 추천하고 싶지 않습니다. 이 점을 기억하세요! 이력서를 읽는 쪽은 전문가입니다. 하루에도 엄청나게 많은 양의 이력서를 검토하며, 어떤 목적으로 작성된 이력서인지 한눈에 파악할 수 있는 사람들입니다!

7 이력서 샘플

다음은 reverse chronological resume의 형식입니다. 물론 이것이 절대적인 예는 아닙니다. 이 틀을 바탕으로 자기만의 개성이 돋보이는 이력서를 만들 수 있습니다.

Job objective 지원 분야, 희망 직종 ◀────────────
Career objective라고도 합니다.

Summary 경력 및 자질에 관한 요약 정보 ◀────────────
글쓰기에 자신이 없으면 생략할 수 있습니다.

Professional experience 업무 경력 ◀────────────
Work experience라고도 합니다.

Education 학력 ◀────────────
보통은 최종 학력만을 표기합니다.

Community service 사회봉사 ◀────────────
지원하는 직책에 따라 honors and activities(수상 및 활동)
혹은 skills(기술) 같은 다른 항목으로 대체할 수 있습니다.

Name

Street City · State Zip · Phone · Email

JOB OBJECTIVE

Very concisely state what job you would like next

SUMMARY

- Write three or four bullet statements that summarize why you would be good at your job objective. Each statement should be no longer than two lines.
- Your statements should highlight your relevant strengthens such as experience, skills, community service, and personality traits.
- Prioritize the statements in this section so the most relevant one comes first.

PROFESSIONAL EXPERIENCE

COMPANY NAME, City, State, 20XX~present
Job Title
- Write two or more bullet statements about the work you performed on this job and what you learned or accomplished that's relevant to your job objective.
- Quantify results of your accomplishments when possible and appropriate; refer to how you positively affected the organization, the bottom line, your boss, co-workers, or customers.
- Mention on-the-job awards or commendations you received that relate to your job objective.

COMPANY NAME, City, State, 20XX~XX
Job Title
- Write two or more bullet statements about the work you performed on this job and what you learned or accomplished that's relevant to your job objective. Follow the tips mentioned above.
- Prioritize the statements under each Job Title section so the most relevant one comes first.

EDUCATION

Degree, Major [if relevant], 20XX
School, City, State

COMMUNITY SERVICE

Organization, Position held, 20XX~present
Organization, Position held, 20XX~XX

Step-by-Step 이력서 쓰기

여기서는 실제 이력서를 예로 들어 항목별로 쓰는 법을 살펴봅니다.

1. 우선, 페이지 위편 중앙에 이름과 주소, 연락처를 씁니다.

> Chul-soo Kim
>
> 200 #100 Donggyo-dong Mapo-gu
>
> Seoul, South Korea 03993
>
> (02)123-4567
>
> 010-123-4567

2. 몇 행을 띄우고 Job objective 혹은 Career objective 항목을 작성합
   니다. 이 부분에서는 자신이 지원하는 직책 혹은 부서를 쓰면 됩니다.

Career Objective

> Computer Programmer

컴퓨터 프로그래머

Job Objective

> Sales Marketing: Responsible for
>
> effective product marketing in developing markets.

세일즈 마케팅: 시장 개발에 있어서 효율적인 상품 마케팅 담당.

3. 이어서 Summary에는 자신의 장점, 직책에 맞는 내용을 적으면 됩니다. 그러나 지나친 자랑은 거만한 인상을 줄 수도 있으므로 신중히 작성하기 바랍니다. 기업은 직원을 채용할 때 실력뿐 아니라 인품이나 성격 등 다양한 면을 검토하기 때문입니다. 특히 불분명한 말이나 과장된 내용은 절대로 쓰면 안 됩니다.

Summary

```
Highly qualified executive manager
offering more than 10 years of experience
in the insurance industry.
Results focused and effectual leader with
proven record of producing results.
Talent for maximizing productivity among
team members.
```

보험업계 경력 10년 이상. 책임관리자로서 탁월한 자질 발휘.
생산 성과가 검증된 전력을 가진 결과 중심적이고 유능한 리더.
팀원들의 생산성을 최대화하는 데 뛰어남.

• qualified 자격 있는; 적임의 • insurance 보험; 보험업
• effectual 효과적인, 효험 있는

4. 다음은 이력서에서 가장 많은 자리를 차지하는 경력에 대해 작성할 차례입니다. 학교를 막 졸업한 학생들은 예외입니다. 지금까지 해왔던 모든 일에 대해 쓰되 reverse chronological order이므로 최근 것부터 시작해야 합니다. 다음 내용은 반드시 기재하세요.

   - 일을 시작한 날짜와 그만둔 날짜
     (아직 재직 중일 경우 present라고 쓰면 됩니다.)
   - 맡았던 직책과 회사 이름
   - 책임을 맡아 진행했던 업무를 간단히 소개

Work Experience

Aug. '15~Present

DC Pte Ltd. Seoul, South Korea

Administration Officer

- Provide administrative support to the President
  of the company.

- Plan and coordinate meetings.

- Organize details of special events and company
  outings.

- Coordinate communication between different
  departments of company.

15년 8월부터 재직 중
한국, 서울, (주)DC Pte
관리부 책임자
– 경영주에게 경영 지원 업무 제공.
– 회의 계획 및 진행.
– 특별 행사 및 야유회 세부사항 조정.
– 사내 각 부서 간 커뮤니케이션 조율.

· administrative 관리(경영)의, 행정(상)의
· coordinate 조정하다, 조화시키다 · outing 야유회; 소풍

5. 다음으로 Education(학력)을 작성합니다. 가장 최근에 다녔던 학교
와 졸업 여부로 시작하면 됩니다. 기본적으로 고등학교 이전의 정보
는 작성할 필요가 없습니다. 다음 사항은 반드시 기재하세요.

– 학교명   – 입학/졸업 날짜   – 취득 학위

Education

```
Bachelor of Arts, Economics

University of South Park

Sept. '12~Apr. '17
```

경제학 학사
사우스파크대학교
12년 9월~17년 4월

· bachelor 학사

```
Sept. '12~Apr. '16

Graduate from XYZ University, Seoul, South Korea

- Bachelor of Arts, Chinese Language and Culture
```

12년 9월~16년 4월 한국, 서울, XYZ대학교 졸업
- 중어중문학 학사

· graduate 졸업하다

6. 마지막으로 다음 항목 중에서 선택해서 작성하면 됩니다. 물론 자신
   을 알리는 데 가장 유익한 내용을 선택해야겠죠? 한 가지 이상의 항
   목을 기술해도 무방합니다.

   - Community Service(자원봉사)   - Skills(기술)
   - Qualifications(자격)   - Certificates(자격증)
   - Achievements(공적)   - Military Service(군 복무)

```
Community Service

Unesco, Volunteer worker, Feb. '18~July. '18

- Taught English to children in Cambodia.
```

유네스코 자원봉사 18년 2월~18년 7월
- 캄보디아 어린이들에게 영어 강의.

· volunteer 자원봉사자

Skills/Qualifications

Fluent in English

- TOEIC score 990, TOEFL score 120

Advanced grade for MS Office

- 1st Grade certificate for MS Office

영어 능통 – 토익 990점, 토플 120점
MS 오피스 상급 – MS 오피스 1급 자격증
· fluent 유창한   · advanced 고급의, 고도의

Achievements

Scholarship from XYZ University

- Mar. '17~June. '17

XYZ대학교 장학금
– 17년 3월~17년 6월

Military Service

June. '15~Aug. '17

Complete Military service, discharged as Sergeant

15년 6월~17년 8월 병장 제대

신입사원 이력서 맛보기

이제 갓 대학을 졸업한 예비 신입사원(Entry Level)의 이력서입니다. 특별한 직장 경력이 없으니, 학력부터 시작하고 있습니다. 이렇게 자신의 상황에 맞게 응용해서 쓰면 됩니다.

Anita Legg

411 Banks Ave.

Elyria, OH 44035

Anitalegg@email.com

Education

B.S. in Accounting,

Bowling Green State University

Expected May 2018

3.4 cumulative GPA

✓ 볼링그린주립대학교, 회계학 학사
2018년 5월 졸업 예정
평점 3.4

Relevant Coursework

Financial Accounting

Managerial Accounting

Cost Accounting Auditing

Federal Taxation

Corporate Finance

Effective Business Writing

Speech Communications

Information Systems

✓ 재정회계학 / 경영회계학 / 원가회계감사 / 연방세제 /
기업재무 / 효과적 비즈니스 문서 작성 / 의사소통 화법 / 정보 체계

• relevant 관련된 • coursework 교과학습

Work Experience

Accounting Intern, Add and Minus Co.

Oaktree, Ohio

May~August 2018

- Reviewed and corrected accounting entries,

```
assisted with financial planning input and
analysis, and generated reports.

- Accounting corrections revealed nearly
  $50,000 in unpaid bills.
```

✓ 2018년 5~8월
오하이오주, 오크트리 소재, Add and Minus사 회계 인턴
회계 기록 재검토 및 수정, 재무 기획 정보 입력 및 분석 보조, 보고서 작성.
회계 수정으로 약 5만 달러의 미납액 적발.

```
Computer Skills

MS Excel, MS Word, MS Internet Expolorer,

MS Powerpoint
```

✓ MS 엑셀, MS 워드, MS 인터넷, MS 파워포인트

Anita의 이력서에서 배울 점!

Work Experience에서 자신이 수행한 업무의 결과를 상세히 기술했다.

10 나만의 이력서 직접 써보기

이제 자신의 이력서를 써봅시다. 물론 많이 미숙하겠지만, 앞서 익힌 것을 토대로 자기에게 맞는 이력서를 만들어보세요.

마지막 체크리스트

□ 1. 복수 연락처를 기재했는가?

부재중일 경우를 대비해 집 전화번호와 함께 휴대폰 번호 등 별도의 연락처를 제시합니다.

□ 2. 사진의 규격은 적당한가?

사진은 중요한 항목입니다. 면접 전 지원자의 첫인상을 결정짓는 자료인 만큼 사진 촬영 시 단정한 옷차림은 물론, 표정에도 신경을 쓰도록 합니다. 특히 고객을 자주 접하는 직종일수록 더욱 중요한 부분입니다.

□ 3. 과외활동 및 봉사 활동 내용이 적절히 포함되어 있는가?

외국계 기업들은 다재다능한(all round) 직원을 우대합니다. 미국 대학 입학 심사에서 과외활동이 중요한 평가 기준이 되듯이, 기업도 마찬가지입니다. 지원자의 적극성과 사회성을 판단할 수 있기 때문이죠. 최근 국내 기업 또한 중요시하는 추세이기도 합니다.

□ 4. 채팅 용어 등 비속어·약어를 쓰지 않았는가?

이력서 작성 시 무의식적으로 평소에 쓰던 비속어를 쓰는 경우가 있는데 이는 매우 경박한 인상을 주게 됩니다. 작성한 이력서는 반드시 다시 한 번 꼼꼼히 읽어보는 게 좋겠죠?

Part 2

커버레터를 쓰자

이력서와 함께 반드시 제출해야 하는 커버레터,

상대방의 호기심을 유발하면서도 친근한

나만의 커버레터 만들기

1 성공적인 커버레터(cover letter)란?

1. cover letter란?

흔히 cover letter를 '자기소개서'라고 알고 있는데, 우리식 자기소개서 와 영미권에서 통용되는 cover letter에는 차이가 약간 있습니다. 보통 자기소개서에는 가족사항 및 성장배경부터 시작해서 자신에 관한 다양 한 이야기를 하게 되는데요. cover letter는 지원하는 업무와 관련된 경 력이나 기술, 학업 등을 집중적으로 소개하게 됩니다. 다시 말해 <u>경력 위주의 자기소개서</u>라고 보면 되겠지요.

2. cover letter는 언제 필요한가?

외국계 기업에 지원할 때 반드시 필요합니다. 외국계 기업에서는 제출 서류에서 따로 cover letter를 요구하지 않아도 이력서와 함께 첨부하는 것을 당연하게 여깁니다. 초대장 없이 파티에 참석하는 사람은 불청객 이 되게 마련이죠. <u>cover letter 없이 이력서만 제출하는 것 역시 실례가</u> 됩니다.

3. cover letter를 잘 쓰려면?

보통 이력서보다 cover letter 작성에 어려움을 느끼는 경우가 많습니다. 이력서는 기본 틀이 있고 적절한 어휘를 선택해 해당 항목에 관한 사실을 나열하므로 비교적 간단한 작업입니다.

반면, cover letter를 쓸 때는 영어로 자신의 장점을 최대한 부각시켜야 한다는 부담이 있죠. 여기서 하고 싶은 말은 너무 걱정할 필요 없다는 것입니다! 영어를 유창하게 하는 원어민도 cover letter 작성이 어렵기는 마찬가지입니다. 우리가 막상 한글로 자기소개서를 쓰려면 막막해지는 것과 같은 맥락이죠.

여기서 잠깐! 절대로 먼저 한글로 써서 영어로 번역하지는 마세요! 한글을 영어로 옮기다 보면 어휘 선택에서 기본적인 문법까지 크고 작은 실수들이 발생하게 됩니다. 그러므로 그런 방법을 쓰지 않을 분만 이 책을 계속 읽어나가기 바랍니다. 요점만 콕콕 집은 조언에 따르다 보면 멋진 cover letter 쓰는 것이 반드시 어렵지만은 않을 것입니다.

커버레터 작성 시 꼭 기억해야 할 점

1. 수신자를 정확하게!

기업체에서 수신하는 서신은 매우 많고도 다양하므로 가급적 채용 담당 부서명을 표기하여 정확히 전달되도록 합니다.

2. 친근감을 주도록!

커버레터의 용도 자체는 공식적이지만 내용까지 그럴 필요는 없습니다. 수신인 → 서론 → 본론 → 결론의 형태는 유지하되 독창적인 내용으로 상대방의 호기심과 친밀감을 유도합니다.

3. 가급적 간결하게!

어필하고자 하는 바를 되도록 간결한 문장으로 표현합니다. 무엇보다 자신의 능력과 경험이 기업에서 원하는 인재상에 부합함을 강조하고 요점이 되는 내용은 볼드체로 처리하여 읽는 이의 이해를 돕습니다.

4. 반드시 직접 쓴다!

채용 담당자들은 커버레터 작성 교본이나 관련 인터넷 사이트에서 발췌한 정형화된 문장을 한눈에 알아봅니다. 어차피 면접 과정에서 지원자의 영어 실력이 드러나게 되므로 다소 서툰 부분이 있더라도 스스로 작성하는 것이 중요합니다.

5. 전문적인 것은 피하라!

지원 회사와 관련 분야에 대한 관심과 지식을 강조하되 지나치게 전문적인 내용은 피하세요. 성의 없이 지원한다는 느낌을 주지 않을 정도면 됩니다.

6. 관심을 유도하라!

고용주(Employer)가 관심을 가질 만한 단어를 사용하세요. 채용 공고에서 지원 자격에 제시된 단어를 쓰는 것도 좋습니다.

7. 오타는 절대 금물!

오타 및 문법상 오류는 철저히 체크합니다. 사소한 실수가 감점 요인이 되는 일은 없어야겠죠?

3 커버레터 샘플

이름 / 주소 / 연락처(이메일 주소) ←

작성 날짜 ←

받는 사람 이름 / 직책 / 회사명(주소) ←

Dear Mr.(Mrs./Ms.) last name, ←

첫째 문단(서론) ←

각 문단을 몇 칸 들여쓰기해서 시작해도 됩니다. Eye catcher, 즉 시선을 집중하게 하는 문장, 질문, 인용문 등으로 시작해도 좋습니다. 지원하는 직책(position)을 밝힙니다.

둘째 문단(본론) ←

이 부분에서는 자신이 왜 지원하는 자리에 가장 적합한 사람인지 소개합니다. 자신의 자격 사항과 경력에 대해 설득력 있게 쓰는 것이 가장 중요하겠죠.

셋째 문단(결론) ←

읽어준 데 대해 간단히 감사를 표시하고 면접 일정을 위한 연락을 기다리겠다는 내용으로 마무리합니다.

Sincerely, ←
이름(서명)

Enclosed: Resume ←
이력서 동봉

200-19 Donggyo-dong Mapo-gu
Seoul, 03993 South Korea
(82)19-900-0000

2018. 1. 1

Ms. Wong,
Talent Executive, DC Bank

Dear Ms. Wong,

My outgoing personality, unique mix of previous work experience, my status as a Yonsei University Chinese culture and language major and experiences living in many different countries, make me an ideal candidate for a summer internship with DC Bank.

My experiences of living in many countries and cultures have instilled in me a strong desire to become a global person. To achieve this, I have concentrated on understanding and learning about different languages and cultures. My work experiences in leadership roles have helped me develop a good sense of teamwork, management, and meeting clientele. Combined with my deep interest in banking and finance, I am convinced that banking and finance in the field of global markets is a career option I would like to explore.

I feel that the combination of my experiences, education, and motivation to excel will be appropriate especially in the global markets division of DC Bank. Should you have any questions, you may reach me via phone (82)19-900-0000 or via e-mail (david@Mail.com).

Thank you for your time and consideration.

Sincerely,
David Kim

Enclosed: Resume

DAY -10

4 Step-by-Step 커버레터 쓰기

Are you ready? 지금부터 커버레터를 써볼까요?

하나의 커버레터를 서론(Beginning), 본론(Body), 결론(Ending)의 서너 개 unit으로 나누어 써봅니다. 이렇게 서너 개 unit이 끝나면 하나의 커버레터가 완성되죠.

| 코너 소개 |
이 표현을 써주세요.
해당 커버레터에 쓸 수 있는 표현이 제시되어 있습니다.

Create your own

위에 나온 표현을 사용해 4~6행 정도로 자신의 커버레터를 씁니다. 쓰면서 페이지 하단에 있는 격려 및 조언의 글을 보며 용기를 얻습니다.

 check the sample letter

원어민의 커버레터를 보고 자신의 것과 비교해봅니다. 그러고 나서 원어민의 커버레터에서 맘에 드는 표현이 있으면 배워봅니다.

 writing tutor ★

글쓰기 요령과 꼭 필요한 문법 및 어휘에 대한 설명이 들어 있습니다. 머릿속에 잘 새겨두세요.

Case Study 1 신문의 구인광고를 보고

1st paragraph (Beginning)

이 표현을 써주세요.

- seek 찾다
- my background 나의 배경
- good match 좋은 결합
- enclosed 동봉된
- opportunity 기회
- requirement 요구사항
- resume 이력서
- review 재검토

Create your own 나만의 커버레터를 써보세요.

I was very interested to see your advertisement for a Director

of Administration Services in *the Korea Times* (August 29, 2018).

✔ 우선 도입부에서 어떻게 담당자의 시선을 사로잡을 수 있을지 생각해보세요.

check the sample letter

I was very interested to see your advertisement for a Director

of Administration Services in *the Korea Times* (August 29,

2018). I have been seeking just such an opportunity as this,

and I think my background and your requirements may be a

good match. My resume is enclosed for your review.

2018년 8월 29일 자 〈코리아 타임즈〉에 실린 귀사의 경영 관리직 구인광고를 보고 큰 관심을 갖게 되었습니다. 저는 바로 이런 기회를 찾고 있었고 제 경력이 귀사의 요건과 잘 부합될 것으로 생각합니다. 동봉한 이력서를 검토해주시기 바랍니다.

• director 관리자; 장, 국장

 writing tutor ★

이 지원자는 문단 시작과 동시에 구인광고를 보는 순간 자신이 찾던 기회라고 느꼈다고 했습니다. 혹시 '인사'가 빠졌다고 생각하셨나요? 바로 그것이 우리말로 쓰는 자기소개서와 커버레터의 차이점입니다. 결코 Hello. My name is... 같은 진부하고 형식적인 인사말로 시작하지 마세요. 이러한 시작은 채용 담당자로 하여금 다음 줄은 읽기조차 싫어지게 할 수도 있으니까요.

2nd paragraph(Body)

이 표현을 써주세요.

- thorough understanding 철저한 이해
- many aspects 여러 측면
- performance 수행, 성과
- initiate 시작하다
- eager 열망하는
- current employer 현재의 고용주
- troubleshooter 분쟁조정자
- completion 완성, 완료
- new challenge 새로운 도전

Create your own 나만의 커버레터를 써보세요.

After fifteen years in administration,

✓ 자신의 능력과 경험을 부각시킬 수 있는 내용을
명확하고 간결하게 표현하는 것이 중요합니다.

check the sample letter

After fifteen years in administration, I have a thorough understanding of many aspects of this function. My current employer is very happy with my performance, but I view myself as a troubleshooter, and most of the work initiated here have already come to completion, so I am eager to consider new challenges.

15년간의 관리직 근무로 저는 이 직무를 여러 각도에서 완벽히 이해하고 있습니다. 현 고용주도 제 업무 성과에 매우 만족하고 있습니다. 하지만 저는 제 자신을 분쟁조정자라고 생각하며 여기서 착수한 작업 대부분이 거의 완료되어가므로 새로운 도전을 간절히 고려하고 있습니다.

- administration 관리, 경영
- function 직무, 역할
- view 판단하다, 보다
- initiate 시작하다, 개시하다

writing tutor
거만한 느낌을 주지 않으면서도 자신감을 나타내는 것이 커버레터의 작성 포인트입니다. 이 샘플처럼 thorough, eager 같은 단어를 통해 지원 동기를 담당자에게 확실히 주지시키는 것도 좋은 방법입니다.

3rd paragraph (Ending)

이 표현을 써주세요.

- understand 이해하다
- earn 얻다
- support 지원
- total success 완벽한 성공
- offer 제공하다
- technology 과학기술
- staff 직원
- career committed 직업에 헌신적인
- consider 고려하다

Create your own 나만의 커버레터를 써보세요.

If you are seeking a manager who

✓ 이 커버레터의 맺음말입니다. 앞에 서술한 내용을 간단히 요약정리하면서
왜 자신이 이 직책에 꼭 필요한 사람인지 다시 한 번 강조합니다.

check the sample letter

If you are seeking a manager who understands technology, who earns 100% staff support, and who is as career committed as it takes to achieve total success, then please consider what I have to offer.

Thank you for your attention to these materials. I certainly look forward to exploring this further.

기술을 이해하고 전 직원의 지지를 이끌어내며 완전한 성공을 이룰 만큼 업무에 헌신적인 관리자를 찾으신다면 저야말로 적임자임을 숙고해주시기 바랍니다. 이 자료에 관심 가져주셔서 감사합니다. 이 건에 대해 더 탐구하게 되기를 고대합니다.

- career (직업상의) 경력, 이력 · committed (주의, 주장에) 전념하는, 헌신적인
- achieve 달성(성취)하다 · attention 주의, 유의; 배려, 고려
- material 자료, 요소, 제재 · explore 탐구하다, 조사하다

writing tutor ★
첫 문단이 하나의 문장으로 구성되어 있네요. 너무 긴 문장은 피하는 게 좋습니다. 하지만 이 필자의 경우, 쉼표(,)를 적절히 사용해서 문장의 흐름을 매끄럽게 조절해주고 있습니다. 이처럼 문장의 완급을 조절해야 담당자의 눈길을 사로잡을 수 있습니다. 그리고 이 샘플에서의 'have to'는 '~해야만 한다'는 뜻이 아니라 '~임이 틀림없다'는 뜻으로 기업이 원하는 것을 반드시 제공할 수 있다는 자신감의 표현입니다.

Case Study 2 누군가의 소개를 받고

이 표현을 써주세요.

- foreman 현장 주임
- company 회사
- meet requirements 자격요건을 충족시키다
- outline 약술하다
- available 이용 가능한
- experience 경험, 경력

Create your own 나만의 커버레터를 써보세요.

John Love advised me

✔ 누군가의 소개를 통해서 지원하는 경우 또는 추천서를 첨부한 경우의
  커버레터 내용입니다. 후자의 경우 가산점을 받기도 하죠.

check the sample letter

John Love advised me of a foreman position that is available at your company. From my enclosed resume, you will find that my experience meets the requirements you have outlined for the position.

존 러브가 귀사의 공석인 현장 주임직을 추천해주었습니다. 동봉한 이력서를 보시면 해당 직에 대한 귀사의 요강에 제 경력이 부합함을 알 수 있을 겁니다.

- advise 알리다, 충고하다, 권하다
- position 직위; 위치

writing tutor ★

누군가의 추천, 소개를 통해 지원하는 경우의 샘플로, 첫 문장이 어떻게 시작되는지 잘 봐두세요. 첫 문단은 보통 구인 정보를 접하게 된 사연으로 시작하며, 회사에 지인이 있다면 밝혀도 무방합니다.

2nd paragraph (Body)

이 표현을 써주세요.

- tactful manager 빈틈없는 관리자
- enable 가능하게 하다
- get along 어울리다
- client 고객
- supervisor 감독자
- maintain 유지하다
- high morale 높은 사기
- increase efficiency 효율성을 증대하다
- crucial factor 결정적인 요소
- success 성공

Create your own 나만의 커버레터를 써보세요.

I am considered a

_____

_____

_____

_____

_____

_____

_____

✓ 이제 본격적으로 자신의 장점을 쓸 차례입니다.
하지만 허위 내용이나 과장된 표현은 자제하세요.

check the sample letter

I am considered a tactful manager, which enables me to get along well with clients, supervisors, and crew. My ability to maintain high morale among workers increases efficiency and contributes to safety, a crucial factor in the success of construction work.

저는 빈틈없는 관리자로 인정받고 있으며, 이로 인해 고객, 관리자, 직원들과 잘 어울릴 수 있습니다. 직원의 높은 사기를 유지하는 저의 능력은 효율성을 증대하고 건설 작업 성공에 결정적 요인인 안전에 기여합니다.

· crew 동료; 승무원
· maintain 유지하다
· efficiency 능률, 능력, 유효성
· contribute 기여(공헌)하다
· construction 건설, 건설 공사

 writing tutor ⭐

첫 문장에서 수동태 "I am considered a tactful manager ..."를 사용했습니다. 커버레터에서 수동형은 문장이 주는 수동적인 느낌 때문에 피하는 것이 보통이지만 샘플에서와 같이 적절히 사용하면, 다른 동료들로부터 인정받고 있음을 강조하는 효과가 있습니다. 뭐든지 잘 사용하면 약이 되겠죠?

3rd paragraph(Ending)

이 표현을 써주세요.

- call 전화하다
- interview 면접
- discussion 토론
- mutual interest 상호 간의 이해관계
- meet 만나다
- preliminary 예비의
- establish 성립하다

Create your own 나만의 커버레터를 써보세요.

On Monday, I will

✔ 여기서는 면접 일정을 언급하여 해당 일자리에 대한
자신의 적극적인 자세를 강조해보세요.

check the sample letter

On Monday, I will call you to see when we can meet for an

interview. I would be happy to have a preliminary discussion

with you or members of your committee to see if we can

establish a mutual interest.

월요일에 면접 일정을 알아보기 위해 전화드리겠습니다. 사전에 상호 이해관
계가 성립하는지 당신이나 위원회 분들과 이야기 나눌 수 있으면 좋겠습니다.

- committee 위원회, 위원
- see if ~인지 아닌지 알아보다

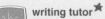 **writing tutor** ⭐
　　마지막 부분에 면접관과 직접 이야기하고 싶다는 의사를
전달함으로써 취업에 대한 강한 의사 표현과 적극적인 자세를 드
러낸 경우이지요. 특이한 점은 시작 인사말도, 마무리 인사말도
쓰지 않고 있다는 것입니다. 상대방의 안부에 관한 형식적이고 획
일적인 인사말이 커버레터에서는 필요 없다는 얘기죠.

Case Study 3 신입 지원을 희망하는 경우

1st paragraph(Beginning)

이 표현을 써주세요.

- position 직위
- client portfolio analyst 고객 포트폴리오 분석가
- advertise 광고하다
- career services center 취업정보처
- fit very well 매우 적합하다
- education 교육

Create your own 나만의 커버레터를 써보세요.

I am applying for

✓ 여러분이 채용 담당자라면 어떤 커버레터에 한 번 더 시선이 갈까요?
예의를 갖추되 남다른 개성과 참신함이 담긴 커버레터 아닐까요?
이 점을 염두에 두고 시작해보세요.

check the sample letter

I am applying for the position of client portfolio analyst, which was advertised September 4th with the career services center at the Kangbuk University. The position seems to fit very well with my education, experience, and career interests.

강북대학교 취업처에 9월 4일 공고된 고객 포트폴리오 분석직에 지원합니다. 해당 직은 저의 교육과정, 경험, 관심 직종에 잘 맞는다고 생각합니다.

• apply for ~에 지원하다

 writing tutor ★

지원 경로를 밝히는 것으로 시작하고 있네요. 나쁘지 않은 방법입니다. 하지만 이 샘플의 경우, 첫 문장이 지나치게 긴 감이 있습니다. 굳이 공고 날짜와 같이 상세한 정보를 쓸 필요는 없습니다. 두 번째 문장의 'seems'라는 단어 역시 커버레터에 쓰기에는 결코 좋은 표현이라고 볼 수 없습니다. '~일 것 같다'는 어감에서 느낄 수 있듯, '확고함'이 부족하다는 인상을 주어 담당자의 관심을 이끌어내는 데 실패할 가능성이 높습니다.

2nd paragraph(Body 1)

이 표현을 써주세요.

- graduate 졸업하다
- studies 연구 분야
- computer science 컴퓨터 과학
- speech communication 의사소통 화법
- business writing 비즈니스 문서 작성

- this month 이번 달
- include 포함시키다

Create your own 나만의 커버레터를 써보세요.

According to the advertisement, the position requires excellent

communication skills, computer literacy, and a B.S. degree in

finance.

✓ 둘째 문단의 핵심은 자신이 가진 능력과 장점을 PR하는 것입니다.
짧고 간결한 문장으로 설득력 있게 표현하는 것이 만만치 않은 일이겠지만
절대 포기하지 마세요!

check the sample letter

According to the advertisement, the position requires excellent communication skills, computer literacy, and a B.S. degree in finance. I will be graduating from school this month with a B.S. degree in finance. My studies have included courses in computer science, management systems, speech communications, and business writing.

광고에 의하면 해당 직은 우수한 의사소통 기술, 컴퓨터 사용 능력, 재무학 학사 학위가 요구됩니다. 저는 이달 재무학 학사로 학교를 졸업할 예정입니다. 제 학사 과정에는 컴퓨터 과학, 경영 시스템, 의사소통 화법, 그리고 비즈니스용 문서 작성 과정이 포함되어 있습니다.

- advertisement 광고, 선전
- literacy 읽고 쓰는 능력; (받은) 교육
- B.S. 이학사(=Bachelor of Science)

 writing tutor★

기업에서 요구하는 자격요건을 충족하는 이수 과목을 나열하여 자신이 이 직책에 적합하다는 점을 강조하고 있습니다. 하지만 자신의 학업이 직종에서 요구하는 부분에 부합한다는 식의 단순한 서술보다는 구체적으로 무엇을 어떻게 업무에 적용시킬 수 있을지를 강조하는 것이 보다 좋은 방법이라고 할 수 있습니다.

3rd paragraph(Body 2)

이 표현을 써주세요.

- position 지위
- candidate 후보자
- team oriented 팀을 지향하는
- work well under pressure 어려움 속에서도 일 잘하다
- develop 개발하다
- course work 학습 과제
- internship 인턴십(직업연수)

Create your own 나만의 커버레터를 써보세요.

I understand

✓ 이 샘플의 경우 본론에 해당하는 부분을 두 문단으로 나누고 있네요.
하지만 cover letter는 간결해야 하며
전체 내용은 한 페이지를 넘기지 않는 것이 좋습니다.

check the sample letter

I understand the position also requires a candidate who is team oriented and works well under pressure. These are skills I developed both in my course work and in my recent internship at Cash & Money Finance Inc. in Seoul, South Korea.

또한 저는 이 직책에 팀 지향적이고 어려움 속에서도 일 잘하는 지원자가 필요하다는 것을 알고 있습니다. 저는 학업과 최근 한국의 서울에 있는 Cash & Money Finance사의 인턴십 과정을 통해 이러한 역량을 길렀습니다.

• oriented ~지향의, 본위의, 중심으로 한
• recent 최근의

writing tutor

여기서는 자신이 어떠한 과정을 거쳐 현재의 능력을 갖추게 되었는지 쓰고 있습니다. 구체적인 사항을 언급함으로써 경력을 강조하는 효과를 준 것입니다. 이 글의 흐름을 살펴보면, '1. 회사가 요구하는 사항을 간단하게 언급하고, 2. 자신이 그러한 사항을 갖추고 있음을 서술한다'는 것입니다. 무작정 잘하는 것을 늘어놓기보다는 이렇게 자신의 능력과 경험이 기업에서 원하는 부분과 일치하므로 나아가 상호 발전에 긍정적인 결과를 이끌어낼 수 있음을 강조하는 것이 좋습니다.

4th paragraph(Ending)

이 표현을 써주세요.

- match 적합하다
- confident 자신 있는
- effectively 효과적으로
- work 일하다
- firm 회사

- requirement 요구사항
- perform 수행하다
- excited 흥분되는
- dynamic 활동적인

Create your own 나만의 커버레터를 써보세요.

My background and goals seem to

✓ 마지막 문단에서는 어떻게 자신을 다시 한 번 부각시켜
   기억에 남게 할 수 있을지 생각하면서 써봅니다.

check the sample letter

My background and goals seem to match your requirements
well. I am confident that I can perform the job effectively,
and I am excited about the idea of working for a dynamic
management firm. If you would like to schedule an interview
or otherwise discuss my interest in this position, please
contact me at 123-4567. I will be available at your convenience.

저의 배경과 목표가 귀사의 요건에 잘 부합하리라 생각합니다. 저는 업무를
효율적으로 수행할 자신이 있으며 역동적인 경영 회사에서 일한다는 생각에
흥분됩니다. 귀사에서 면접 일정을 잡고자 하시거나 이 직책에 가지는 제 관
심에 대해 말씀 나누고자 하신다면 123-4567로 연락 주시기 바랍니다. 편하
신 시간으로 맞추도록 하겠습니다.

- background 경력, 경험; 배경
- otherwise 달리, 그렇지 않으면
- contact 접촉하다, 연락하다
- convenience 편의, 편리

writing tutor ★
앞에서도 언급했듯, '지나친 자신감으로 역효과를 내는 것'
과 '모호한 단어를 사용하는 것' 모두 커버레터 작성 시 피해야 할
사항입니다. 확신에 찬 인상을 주기 위해 첫 문장의 'seem to'보다
는 'I think...'나 '...matches well' 등의 표현이 낫습니다.

Case Study 4 건축 기사 보조직에 지원하는 경우

1st paragraph(Beginning)

이 표현을 써주세요.

- style 스타일
- fresh idea 신선한 아이디어
- aware 인식하는, 알고 있는
- flexibility 유연성, 융통성
- trend 경향
- rapidly 급속하게
- in demand 요구하는
- possess 소유하다
- stay ahead 앞서가다

Create your own 나만의 커버레터를 써보세요.

We live in a world where

✓ 이번에는 여러분이 건축 기사 보조직에 지원한다는 가정하에 격식을 약간 덜 갖춘다는 느낌으로 자유롭게 써보세요.

check the sample letter

We live in a world where styles change rapidly and fresh ideas are always in demand. Professionals in architecture must be aware of these changes and possess the flexibility and imagination to stay ahead of the trends.

우리는 유행이 급속히 변하고 항상 참신한 아이디어를 요구하는 시대에 살고 있습니다. 건축 전문가들은 이러한 변화를 인지하고 트렌드를 앞서가는 유연성과 상상력을 지녀야 합니다.

• architecture 건축술, 설계

 writing tutor ★

'건축 기사 보조'라는 직무에 필요한 요건을 이야기하면서 글을 시작하고 있습니다. 하지만 간결하고 명료하게 자신에 대해 설명하고 담당자를 설득해야 하는 커버레터에서는 별로 바람직한 시작은 아닙니다. 커버레터 본래의 용도에서 벗어날 뿐 아니라 이 같은 내용은 이미 담당자도 잘 알고 있기 때문이죠. 그보다는 자신의 지원 동기를 쓰는 편이 더 좋겠습니다.

2nd paragraph(Body)

이 표현을 써주세요.

- bright 똑똑한
- training and ability 훈련과 능력
- all aspects 모든 면
- internship experience 직업연수 경험
- education 교육
- creative 창조적인
- assist 돕다
- B.S. degree 이학사 학위
- utilize 활용하다
- positive success 확실한 성공

Create your own 나만의 커버레터를 써보세요.

I know your company seeks only

✓ 참고로 제시된 표현을 사용하는 것 잊지 마세요! 무작정 막막해하는 것보다
브레인스토밍 시간을 절약해 영작 실력을 키우는 것이 일단 중요하니까요.
이 단계가 끝나고 나면 나만의 커버레터를 작성하는 일이 한결 수월해질 거예요!

check the sample letter

I know your company seeks only the brightest and most creative architects for its team. I also know that I have the training and ability it takes to assist you in all aspects of this work. My B.S. degree in architecture and my internship experiences have taught me how to utilize my education to bring about positive success.

귀사가 팀을 위해 가장 똑똑하고 독창적인 건축가만 찾는다는 것을 알고 있습니다. 또한 제가 일의 모든 면에서 귀사를 보조하는 데 필요한 훈련을 받았고, 능력이 있다는 것도 알고 있습니다. 건축학 학사 과정과 인턴십 경험은 제게 확실한 성공을 이끌어내기 위해 받은 교육을 어떻게 활용해야 할지 가르쳐주었습니다.

· seek 찾다
· bring about 야기하다, 초래하다
· positive 확실한; 긍정적인; 건설적인

 writing tutor ★

지원자는 회사가 찾는 인재상을 피력한 후, 자신이 어떻게 부합하는지 설명하고 있네요. 이런 흐름보다는 먼저 자신의 학위와 경험을 강조하고, 이러한 배경이 해당 직에 적합함을 언급하는 것이 보다 설득력 있는 방법입니다. 무슨 글이든 앞부분을 먼저 보게 되니까요.

이 표현을 써주세요.

- details 세부사항
- appreciate 감사하다
- discuss ~에 대해 토론하다
- operation 작업, 운영
- above 위에 있는
- telephone number 전화번호
- skill 기술
- meet 만나다
- vital part 필수 부분
- reach me 나에게 연락하다
- email address 이메일 주소

Create your own 나만의 커버레터를 써보세요.

The enclosed resume elaborates on

Thank you for your consideration. I look forward to talking with you.

✓ 이제 마무리 문단입니다. 대개 엇비슷한 내용으로 채우기 십상이죠.
같은 내용도 어떻게 쓰느냐에 따라 보다 돋보일 수 있다는 것을
염두에 두고 써보세요!

check the sample letter

The enclosed resume elaborates on the details of my skills and
experience. I'd appreciate the chance to meet with you to
discuss how I could be a vital part of your operation. You may
reach me at the above telephone number or e-mail address.
Thank you for your consideration. I look forward to talking
with you.

동봉한 이력서에 저의 기술과 경력에 대한 세부사항이 기술되어 있습니다. 제
가 어떻게 귀사 운영에 핵심부가 될 수 있을지 이야기 나누기 위해 면접 기회
를 주신다면 감사하겠습니다. 위의 전화번호나 이메일 주소로 연락 주시면
됩니다.
관심에 감사드리며 만나 뵙게 되기를 기대하겠습니다.

· enclosed 동봉된
· elaborate 상세히 설명하다; 잘 다듬다; 정성 들여 만들다
· vital 절대로 필요한, 지극히 중요한; 생생한

 writing tutor
'정교한'이라는 의미를 가진 'elaborate'가 여기서는 '상세
하게 설명하다'라는 뜻으로 쓰였습니다. 흔히 쓰이는 explain보다
더 진지하고 열심이라는 인상을 줄 수 있습니다. '연락하다'라는 의
미로 쓰인 'reach me'라는 표현 역시, call me 혹은 contact me와
는 조금 다르죠? 지나치게 격의 없는 단어는 피하면서, 이처럼 조
금 색다른 표현으로 남다른 효과를 줄 수 있다는 것, 기억하세요!

Case Study 5 인턴십을 신청하는 경우

1st paragraph(Beginning)

이 표현을 써주세요.

- previous work experience 예전에 일한 경험
- status 지위
- student 학생
- junior year 3학년
- marketing 마케팅
- ideal candidate 이상적인 후보자
- summer internship 여름 직업연수

Create your own 나만의 커버레터를 써보세요.

My background of

✓ My background라는 제시어 다음에 어떤 식으로 자기소개와 지원 동기를
말할지 생각해보세요.

check the sample letter

My background of previous work experience and my status as a South Park University business student in my junior year studying marketing, make me an ideal candidate for a summer internship with Potche International.

이전 경력과 사우스파크대학교에서 마케팅을 공부하는 비즈니스 학도 3학년으로서의 신분 때문에 저는 Potche International의 여름 인턴십에 이상적인 지원자입니다.

• **ideal** 이상적인, 더할 나위 없는

 writing tutor ★

여러분은 이 샘플을 보고 어떤 생각을 하셨나요? 전체 문단이 한 문장으로 되어 있네요. 어떤 경우든 이렇게 문장이 길게 늘어지는 형태는 바람직하지 않습니다. 두세 개 정도의 간결한 문장으로 구성하도록 노력하세요. 이 샘플을 바꿔 쓰기(paraphrase)해보는 것도 좋은 훈련이 될 것입니다.

이 표현을 써주세요.

- sales 판매
- combined 결합된
- course in marketing 마케팅 교육과정
- convince 확신시키다
- career 경력
- pursue 추구하다
- company 회사
- excellent reputation 탁월한 평판
- high quality product 고품질 상품
- drive to excel 탁월하고자 하는 추진력
- good addition 좋은 보탬
- marketing department 마케팅 사업부

Create your own 나만의 커버레터를 써보세요.

My previous work experience in

✓ 본론의 핵심은 자신의 장점과 그것을 뒷받침할 만한 근거를 두세 가지 정도 간결하게 나열하는 겁니다. 전공, 경험 등들 토대로 말이죠.

check the sample letter

My previous work experience in sales combined with my courses in marketing, have convinced me that product marketing is a career I would like to pursue. Your company has an excellent reputation for high quality product. I know that the combination of my experience, education, and drive to excel will make me a good addition to your marketing department.

이전 세일즈 업무 경험과 제가 밟고 있는 마케팅 학과과정을 결합하여 상품 마케팅이 제가 추구하는 직무라고 확신해왔습니다. 귀사는 고품질 상품으로 명성이 높습니다. 저의 경험, 교육, 뛰어나고자 하는 추진력은 귀사의 마케팅 부서에 유익한 보탬이 되리라는 것을 알고 있습니다.

> • excel 뛰어나다, 탁월하다
> • addition 추가, 부가

writing tutor

이 커버레터의 단점은 명확합니다. 우선, 한 문장이 길다는 것입니다. 커버레터의 경우에는 문장 및 전체 내용의 길이도 반드시 신경 써야 할 부분입니다. 또 중간 부분의 "Your company has an excellent reputation for high quality product"는 본론의 핵심에서 벗어난 불필요한 문장입니다. 그러나 마지막의 "I know ..."와 같은 표현은 자신감과 의지를 나타내기에 효과적입니다.

3rd paragraph(Ending)

이 표현을 써주세요.

- worthwhile 가치 있는
- contact you 당신에게 연락하다
- arrange 정하다
- before 전에
- phone or e-mail 전화나 이메일
- meet 만나다
- within a week 일주일 안에
- meeting 만남, 회의
- reach me 나에게 연락하다
- question 질문
- via ~ 을 통해

Create your own 나만의 커버레터를 써보세요.

I am sure that it would be

Thank you for your time and consideration.

✓ 커버레터를 쓰다 보면 단순히 작문 실력뿐 아니라,
  일종의 '협상' 능력까지 키울 수 있는 일석이조의 효과! 알고 계시죠?^^
  여기서 사용하는 어휘, 표현들 면접에서도 유용하게 쓸 수 있습니다.

check the sample letter

I am sure that it would be worthwhile for us to meet. I will

contact you within a week to arrange a meeting. Should you

have any questions before that time, you may reach me

viaphone or e-mail. Thank you for your time and consideration.

저는 이 만남이 뜻깊은 자리가 될 것임을 확신합니다. 일주일 안에 면접 일정을 잡기 위해 전화드리겠습니다. 그 전에 궁금한 점이 있으시면 전화나 이메일로 연락 주시기 바랍니다.
시간을 내어 관심 보여주신 점 감사드립니다.

• consideration 고려, 사려

 writing tutor

'만날 약속을 정하다'라는 뜻의 'arrange a meeting'은 공식적인 만남을 요청할 때 사용할 수 있는 유용한 표현입니다. 그리고 "Should you have any questions…" 역시, 조금 생소한 문장이지만, 커버레터 등 격식을 갖춘 글에서 흔히 볼 수 있습니다. 즉, "if you should have any questions…"에서 if를 빼고 주어와 서술어를 도치시킨 형태인데, 이러한 문장을 사용하면 고급 영어 실력도 입증하고, 커버레터도 한결 돋보이겠죠?

Case Study 6 헤드헌팅사에 구직 요청을 할 때

1st paragraph(Beginning)

이 표현을 써주세요.

- deliver ~을 내다, 산출하다
- productive result 생산적인 결과
- make a strong case 매우 적합하다
- myself 나 자신
- track record 실적, 성적
- increase profits 이윤을 증대시키다
- previous employer 이전의 고용주, 고용 회사
- contact you 당신과 연락하다
- time for a change 변화의 시기
- move on 옮기다

Create your own 나만의 커버레터를 써보세요.

If you have a client seeking a sales manager who

✓ 국내 외국계 기업에 취업하기 위해 가장 중요한 것은 채용 정보 수집입니다.
결원이 생기면 수시 채용하는 외국계 기업의 특성상 미리 이력서와 자기소개서를
준비해두는 것이 좋겠죠? 정보 수집이 어려운 경우 헤드헌팅사라는 공식 창구를
이용하는 것도 좋은 방법이고요.

check the sample letter

If you have a client seeking a sales manager who can deliver productive results, I'd like to make a strong case for myself My track record in sales has helped increase the profits of my previous employer, JJ Department Store. I am contacting you as I believe it is time for a change. My employer is in the process of a reorganization, so the time seems right to move on.

생산적인 결과를 창출할 수 있는 영업 관리자를 찾는 업체가 있다면 저야말로 적임자입니다. 저의 영업 실적은 전 고용사인 JJ백화점의 이익 증대에 기여했습니다. 저는 지금이 변화의 시기라고 생각하기 때문에 귀사에 접촉한 것입니다. 제 고용사가 개편 중이라 회사를 옮기기에 적기라고 보여집니다.

- case 경우, 사례
- track 진로; 행로
- reorganization 개편

 writing tutor★

"If you have a client seeking a sales manager"로 시작된 첫 문장의 client란 바로 헤드헌팅사의 고객으로 채용 중인 회사를 말합니다. 헤드헌팅이 일반화되어가는 추세이므로 기억해두면 요긴한 문장입니다. 잠시 표현 하나 살펴볼까요? 바로 'make a strong case'입니다. 'make a case'란 '적합하다'라는 뜻으로 strong을 붙여서 강조한 형태이지요. 적절한 숙어를 사용해 커버레터에 세련미를 더하는 건 어떨까요?

2nd paragraph(Body)

이 표현을 써주세요.

- position in Seoul 서울에 있는 일자리
- salary range 연봉 범위
- following category 다음에 나오는 범주
- sales manager 영업 관리자   • product launch 제품 출시
- consultant 고문   • brand strategist 상표 전략가

Create your own 나만의 커버레터를 써보세요.

I am particularly interested in

✓ 헤드헌팅사의 담당자가 가장 알고 싶어 하는 것은 무엇일까요? 지원하는 분야와
수행 업무에 대한 구체적인 내용입니다. 여기에 이직 후 발휘할 수 있는 능력과
희망 회사에 대한 기본 지식을 피력한다면 완성도 있는 깔끔한 커버레터가 될 수
있을 것입니다. 덧붙여 본인이 요구할 만한 사항에는 어떤 것이 있을지 생각하면서
써보세요.

check the sample letter

I am particularly interested in positions in Seoul that start at a salary range of 24,000,000 won to 34,000,000 won, in the following categories: sales manager at a department store, product launch consultant for consultant companies, and brand strategist for a product with national circulation.

저는 특히 연봉 2,400~3,400만 원 범위의 서울 지역 일자리를 원하며 관심 부문은 다음과 같습니다. 백화점 영업 관리직, 컨설팅 회사의 제품 출시 컨설 턴트, 국내 유통 상품을 위한 브랜드 전략가.

> • national 전국적인; 국가적인
> • circulation 유통

writing tutor ★

이 샘플에서 헤드헌팅사 담당자에게 내세운 구직 조건인, 희망 직종의 범주, 희망 근무 지역, 희망 연봉과 같은 필수 정보는 빠뜨리지 않고 적어야 합니다. 그리고 뭔가를 나열할 때 계속해서 문장을 늘어뜨리는 것이 아니라 이 샘플에서처럼 콜론(:)을 이용 해서 보기 좋게 정리하는 것도 좋습니다.

3rd paragraph(Ending)

이 표현을 써주세요.

- further discuss 더 이야기하다
- working 일하는 것
- contact 연락하다
- meeting 만남
- reach 연락이 닿다
- possibility 가능성
- client firm 고객 기업
- arrange 정하다
- before ~전에
- cell phone 휴대폰

Create your own 나만의 커버레터를 써보세요.

I'd like to meet with you to

✓ 마무리할 때는 추후의 절차에 대해 적극적인 태도를 보여주는 것,
잊지 맙시다.

check the sample letter

I'd like to meet with you to further discuss the possibilities of
working for one of your client firms. I'll contact you to
arrange a meeting. If you wish to contact me before then,
I can be reached on my cell phone(010-123-4567).

귀사의 고객사 중에서 구직이 가능한지에 대해 만나서 좀 더 의논하고 싶습니
다. 약속을 정하기 위해 연락드리겠습니다. 만약 그 전에 제게 연락하시려면
제 휴대폰(010-123-4567)으로 전화 주십시오.

- further 더 나아가서, 한층 더
- firm 상사, 회사

writing tutor★
이 샘플은 간결하면서도 자신의 메시지를 정확하게 전달
하고 있습니다. 좋은 예라고 할 수 있겠네요. 그리고 본인이 먼저
연락하겠다는 의도를 전함으로써 적극성과 능동성을 보이고 있습
니다. 여러분도 한번 실전에 적용해보세요.

Case Study 7 제3자의 소개에 의해 구직 요청 시

1st paragraph(Beginning)

이 표현을 써주세요.

- contact you 당신에게 연락하다
- possible opening 가능한 일자리(공석)
- develop 발전시키다
- in charge 책임 있는
- previous employer 이전의 고용주
- numerous duties 많은 임무

Create your own 나만의 커버레터를 써보세요.

Kim Joon-woo of D & C Pte Inc., suggested

✓ 지원하고자 하는 회사에 '아는 사람'이 있다는 것은 분명 플러스 요인입니다. 흔히
말하는 '빽'이 아니라 지원 가능한 직위에 대한 정보를 얻는다는 취지에서죠.
소개를 통한 지원은 흔한 형태이므로 역시 유용한 연습이 될 것입니다.

check the sample letter

Kim Joon-woo of D & C Pte Inc., suggested I contact you regarding the possible editor opening in your magazine. As an editor/writer for *Cityscape* magazine, I've developed my skills and experience as a writer. Due to the small organization of my previous employer, I was in charge of numerous duties: developing the editorial format, writing articles and editing the final copy.

D & C Pte사의 김준우 씨가 귀 잡지사의 공석인 편집사직에 관해 당신에게 연락할 것을 제안했습니다. 저는 〈시티스케이프〉지의 편집자 겸 필자로서, 작가로서의 기술과 경험을 발전시켜왔습니다. 전 고용사가 소규모 업체였기 때문에 저는 편집 체제 개발, 기사 작성 및 최종본 교정 등 많은 책임을 맡았습니다.

- regarding ~에 관해서
- editorial 편집의; 논설의
- format 형식, 구성
- article 기사, 논설
- edit 편집하다, 교정하다

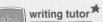
writing tutor ★
이 샘플의 첫 문단은 좀 긴 감이 있지만 적당한 길이의 문장과 콜론(:)을 써서 장황해 보이지는 않습니다. 영작을 매끄럽게 하는 데 유용한 문장부호인 콜론을 구체적인 예를 제시할 때 사용해보세요.

이 표현을 써주세요.

- reporter 기자
- write and edit 쓰고 편집하다
- quality of my work 내 작업의 질
- previous employer 전 고용주
- promote 승진시키다

- where 어디
- recognize 인정하다
- after only 겨우 ~ 후에

Create your own 나만의 커버레터를 써보세요.

✓ 자신의 경험과 능력을 명확하게 표현해보세요.

check the sample letter

Prior to my current position, I worked as reporter for the
Seoul Tribune, where I wrote and edited articles. The quality of
my work has been recognized by my previous employers. I was
promoted from junior editor to editor of *Cityscape* magazine
after only five months.

현 직책 이전에는 〈서울 트리뷴〉의 리포터로 기사 작성 및 편집을 했습니다.
제 작업의 질은 전 고용주들로부터 인정받았으며 5개월 만에 〈시티스케이프〉
지의 부편집자에서 편집자로 승진했습니다.

· prior to ~전에
· current 현재의

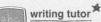 **writing tutor** ★
이 지원자는 빠른 승진을 언급해서 자신의 능력을 부각시
키고 있습니다. 이처럼 구체적인 성과 내용은 커버레터의 신뢰도
를 한층 높여주는 효과적인 요소입니다. 단순히 '~을 열심히, 잘
할 수 있다'라고 말하는 것보다 훨씬 더 강한 영향력을 가지기 때
문이죠.

3rd paragraph(Ending)

이 표현을 써주세요.

- contribution 공헌
- make 만들다
- your firm 당신의 회사
- call you next week 다음 주에 당신에게 전화하다
- schedule a date 날짜를 정하다
- discuss the possibility 가능성을 논의하다

Create your own 나만의 커버레터를 써보세요.

I am eager to talk with you about

Your consideration is greatly appreciated.

✓ 본론을 통해 지원 동기와 자신의 자질에 대해 서술했다면
이번에는 입사 포부와 얼마나 입사를 희망하는지를 밝혀보세요.

check the sample letter

I am eager to talk with you about the contribution I could make to your firm. I will call you next week to see if we can schedule a date to get together and discuss the possibility. Your consideration is greatly appreciated.

제가 귀사에 공헌할 수 있는 부분에 대해 이야기 나누게 되기를 간절히 바랍니다. 만나서 가능성에 대해 논의하기 위해 약속을 잡을 수 있는지 다음 주에 전화드리겠습니다.
귀사의 관심에 진심으로 감사드립니다.

• eager to 간절히 ~하고 싶어 하는
• schedule 예정하다
• get together 모이다
• appreciate 감사하다

writing tutor
여기서는 마지막 문단을 "I am eager to…"로 시작함으로써 확고한 의지를 표현하고 있습니다. 혹은 definitely, certainly, surely 같은 단어를 첨가하여 의미를 강조할 수도 있습니다. 하지만 "I could make to your firm"에서는 'could'보다 확실한 느낌을 주는 'can'을 사용하는 게 더 좋겠네요. '할 수 있을지 모르는'보다는 '할 수 있는'이 더 자신감 있게 들리고 신뢰가 갑니다.

5 나만의 커버레터 직접 써보기!

그동안 가상의 상황에 대해 직접 써보면서 그리고 원어민의 샘플을 보면서 많은 것을 익혔지요? 그럼 마지막으로 자신만의 커버레터를 써보도록 합니다. 앞의 조언과 요령을 기억하며 한번 도전해봅시다.

마지막 체크리스트

자, 커버레터를 완성했지요? 작성한 커버레터를 다시 보면서 다음과 같은 부분을 점검해보세요. 커버레터 쓰는 것이 능숙한 사람이라도 꼭 체크해야 하는 사항입니다.

□ 1. 자신과 받는 이의 이름·주소·전화번호가 모두 맞는가?

□ 2. 구성이 서론, 본론, 결론의 세 부분으로 나뉘는가?

□ 3. 서론 부분에 지원 경로와 이유, 직책에 대해 썼는가?

□ 4. 본론에서 자신이 왜 지원 회사와 직책에 적합한 인물인지, 교육배경과 경력을 통해 분명히 강조했는가?

□ 5. 결론에 감사를 표했는가?

□ 6. 문법 오류나 오타가 없는가?

□ 7. Sincerely, 등 마지막 맺음말과 자신의 이름을 정확히 썼는가?

Part 3

자기소개서를 쓰자

개성 넘치고 솔직담백한 자기소개서로

나를 확실히 알린다

곧장 면접으로 이어지는 자기소개서 쓰기

1 성공적인 자기소개서(Self Introduction)란?

1. 커버레터와 뭐가 다르지?

영문으로 자기소개서를 쓸 때, 커버레터와 혼동하는 분들이 많습니다. 커버레터는 단어 자체에서 알 수 있듯이 이력서의 커버이자 소개글이라고 보면 됩니다.

2. 커버레터를 통과해야 자기소개서로!

각 기업의 채용 담당자들에게 서류 심사 과정에 대해 물었습니다. 하루에도 수십, 수백 통의 지원서류를 검토해야 하는 상황이기 때문에 우선 이력서부터 대략 훑어보는 경우가 많다고 합니다. 기본 자격에서 벗어난 지원자라면 이 단계에서 이미 커버레터와 자기소개서는 바로 휴지통으로 들어가겠죠? 이력서와 커버레터에서 흥미로운 점을 발견하면 자기소개서로 넘어가는 것입니다.

3. 나를 확실히 알릴 수 있는 기회!

그렇다면 자기소개서는 뭘까요? 대다수의 기업이 커버레터만 요구하는 추세지만 간혹 자기소개서를 요구하는 기업도 있습니다. 자기소개서란 쉽게 말해 미국 대학 입학원서를 작성할 때처럼, 자신을 소개하는 일종의 에세이라고 생각하면 됩니다. 한 페이지 분량의 짧고 간단한 커버레터로 자기 PR이 부족했다면 자기소개서에서 보다 상세히 관련 에피소드를 첨가하여 보충할 수 있습니다.

4. 자기소개서는 어떻게 써야 할까?

지난 몇십 년을 돌이켜볼 때 자신에 대해 어떤 내용을 써야 할까요? 많은 분들이 출생에서 현재까지의 경험을 전반적으로 요약하려는 경향이 있습니다. 국문 자기소개서에서처럼요. 그러나 절대 피해야 할 방식입니다. A4 용지 한 장 정도에 여태껏 살아온 삶을 구구절절 쓸 수도 없고, 만약 그렇게 되면 정작 중요한 사건을 간과하기 십상입니다. 즉, 자신의 인생에 있어 전환점이 된, 혹은 의미 있는 경험을 주제로 글을 풀어나갈 필요가 있습니다.

2 자기소개서 작성 시 꼭 기억해야 할 점

1. 자기만의 개성을 강조하세요!

다른 지원자와 차별화된 글을 써야 합니다. 나만의 특별한 사연을 주제로 하거나 새로운 분야를 언급하세요. 흔하고 일상적인 글은 읽는 사람을 지루하게 할 뿐입니다.

2. 회사가 원하는 인재상에 맞게 글을 쓰자!

해당 기업의 홈페이지나 보도자료 검색을 통해 채용 기호를 파악한 뒤 글의 형식과 내용에 적용합니다.

3. 과장을 피하라!

자신의 장·단점을 거짓 없이 기술합니다. 장점은 되도록 근거를 포함해 최대한 부각시키고, 단점에 대해서는 솔직한 태도로 개선의 노력을 보입니다.

4. 채용 담당자의 입장이 되어라!

읽는 사람을 배려하세요. 내용은 물론 시각적으로도 호소력 있는 문서가 돋보이겠죠? 글의 서체, 프린트 화질 등 세부적인 부분에도 신경을 씁니다.

5. 1인칭 혹은 3인칭으로 쓰라!

2인칭으로 쓰면 안 돼요! 예를 들어 As you get to know me, you'll begin to like me, and pretty soon, you'll swear you've never met a nicer guy같이 2인칭으로 쓴 글은 읽는 이의 반응을 임의로 예측하고 있다는 건방진 느낌을 줄 수 있기 때문입니다.

6. 주제에서 벗어나지 마라!

글의 내용은 마치 독자를 실 끝에 매고 바느질한다는 느낌으로 주제를 벗어나지 않고 짜임새 있게 써나가야 합니다. 글을 어떻게 시작할지, 각 단락을 어떻게 나눌지, 한 단락에서 다음 단락으로 어떻게 넘어갈지 통일성과 흐름을 염두에 두어야 합니다.

3 자기소개서 작성에 유용한 어휘

| 자신의 특성에 대해 설명하는 표현 |

- active 능동적인, 활동적인
  Sportsmen are usually *active*.
  스포츠맨은 대개 활동적이다.

- enterprising 기업적인, 진취적인
  He is an *enterprising* businessman.
  그는 진취적인 실업가다.

- respective 저마다의, 각각의
  They are each well-known in their *respective* field.
  그들은 각자의 분야에서 잘 알려져 있다.

- adaptable 적응할 수 있는, 융통성이 있는
  She is not very *adaptable*. 그녀는 적응을 잘하지 못한다.

- enthusiastic 열정적인, 열렬한
  He was *enthusiastic* about baseball. 그는 야구에 열정적이었다.

- sense of humor 유머 감각
  He has a very good *sense of humor*.
  그는 유머 감각이 매우 좋다.

- aggressive 공격적인, 저돌적인
  He is too *aggressive*. 그는 지나치게 저돌적이다.

- extrovert 외향적인
  He has a very *extrovert* personality.
  그는 외향적인 성격의 소유자다.

- self-reliant 자신을 의지하는, 독립적인
  She lives alone and totally *self-reliant*.
  그녀는 혼자, 오로지 자신만을 의지하며 살고 있다.

- alert 경계하는, 조심하는; 경계시키다, 주의시키다
  He was fully awake and *alert*.
  그는 정신을 바짝 차리고 경계했다.

- fair 공정한, 공평한, 올바른
  I understand, but it's not *fair*.
  저도 이해는 하지만 공평하지 않아요.

- sincere 성실한, 참된, 진실의
  He is *sincere* in his promises.
  그는 약속을 어김없이 지킨다.

- ambitious 패기만만한, 야심적인, 열망을 품은
  He is *ambitious* to succeed.
  그는 성공을 열망하고 있다.

- independent 독립심이 강한, 남에게 의지하지 않는
  She is financially *independent* of her family.
  그녀는 경제적으로 집에서 독립했다.

- sophisticated 세련된, 닳고 닳은
  She loved a very *sophisticated* young artist.
  그녀는 아주 세련된, 젊은 아티스트를 사랑했다.

- analytical 분석적인
  He was astute and *analytical*. 그는 날카롭고 분석적이었다.

- logical 논리적인, 필연적인
  His argument seems *logical*.
  그의 주장은 논리적인 것으로 보인다.

- systematic 조직적인, 규칙적인, 체계적인
  They made a *systematic* study of English.
  그들은 체계적으로 영어를 연구했다.

- attentive 주의 깊은, 세심한, 경청하는
  An *attentive* student is most likely to learn.
  주의 깊은 학생이 학습을 잘할 가능성이 크다.

- loyal 충성스러운, 성실한, 정직한
  He was *loyal* to his country. 그는 국가에 충성했다.

- talented 재능이 있는, 유능한
  He is very *talented* and has a lot of knowhow.
  그는 매우 재능 있고 노하우도 많다.

- broad-minded 마음이 넓은, 관대한, 편견이 없는
  She is *broad-minded*. 그녀는 마음이 넓다.

- methodical 정연한, 질서 있는, 조직적인
  He was slow, but *methodical*. 그는 느렸지만 논리 정연했다.

- traveler 여행자
  The *travelers* are waiting to leave.
  여행자들이 떠나려고 기다리고 있다.

- conscientious 양심적인, 성실한, 진지한
  He is a very *conscientious* minister. 그는 매우 양심적인 목사다.

- objective 객관적인, 사실에 근거한, 실증적인
  The policeman gave an *objective* report of the accident.
  경찰관은 그 사고에 대해 객관적인 보고를 했다.

- consistent 언행이 일치된, 모순이 없는
  This proposal is not *consistent* with our initial aims.
  이 제안은 우리의 처음 목적과 일치하지 않는다.

- optimistic 낙관적인, 낙천적인
  Be *optimistic* and keep your hopes up.
  낙관적으로 생각하고 희망을 잃지 마세요.

- constructive 건설적인, 구조적인
  She welcomes *constructive* criticism.
  그녀는 건설적인 비판을 환영한다.

- perceptive 지각이 예민한, 통찰력이 있는
  She is a *perceptive* reader. 그녀는 지각 있는 독자다.

- creative 창조적인, 독창적인
  There's a *creative* buzz about the place.
  그곳의 분위기는 창의적이다.

- personable 용모 단정한, 품위 있는, 매력적인
  The salesman was a very *personable* young man.
  그 세일즈맨은 대단히 잘생긴 청년이었다.

- dependable 신뢰할 만한, 의존할 수 있는
  He is a *dependable* person for you. 그는 네가 의지할 수 있는 사람이다.

- pleasant 즐거운, 유쾌한, 기분 좋은
  The trip was altogether *pleasant*. 여행은 아주 즐거웠다.

- determined 결연한, 단호한, 굳게 결심한
  She was very *determined* to succeed.
  그녀는 기필코 성공하리라 결심했다.

- positive 긍정적인, 명확한, 확신하고 있는
  Let's think *positive*. 긍정적으로 생각하자.

- diplomatic 외교의, 외교상의; 교섭에 능한
  Britain is looking for a *diplomatic* solution.
  영국은 외교적인 해결책을 찾고 있다.

- practical 실제의, 실용적인, 실제로 도움이 되는
  I wear *practical* clothes at work. 나는 일할 때는 실용적인 옷을 입는다.

- disciplined 훈련받은, 잘 통솔된
  Children should be *disciplined* when the need arises.
  아이들은 필요하면 훈육해야 한다.

- productive 생산적인, 생산력을 가진
  I spent a very *productive* hour in the library.
  나는 도서관에서 매우 생산적인 한 시간을 보냈다.

- discrete 분리된, 따로따로의, 불연속의
  Occupations are grouped into *discrete* categories.
  직업은 서로 관련이 없는 여러 범주로 분류된다.

- proficient 익숙한, 능수능란한
  She is *proficient* at German. 그녀는 독일어에 능숙하다.

- economical 경제적인, 절약하는, 간결한
  Traveling by train is *economical*. 기차 여행은 경제적이다.

- realistic 현실주의의, 현실적인
  The story is neither *realistic* or humorous.
  그 이야기는 사실적이지도 않고 유머도 없다.

- efficient 능률적인, 효과가 있는, 유능한, 실력 있는
  He is *efficient* in his work. 그는 자기 일에 유능하다.

- reliable 믿을 수 있는, 의지가 되는, 확실한
  Is this information *reliable*? 이 정보는 믿을 만한가요?

- energetic 정력적인, 활기에 찬, 혈기 왕성한
  She is an *energetic* worker. 그녀는 활기에 찬 일꾼이다.

- resourceful 자원이 풍부한, 기략(기지·주변성)이 좋은
  She is a very *resourceful* manager. 그녀는 매우 재간 있는 관리자다.

| 활동성을 표현하는 동사들 |

- **accelerate** 속력을 빠르게 하다, 가속하다, 촉진하다
  Tests shows global warming has *accelerated*.
  실험은 지구온난화가 가속화되었다는 것을 보여준다.

- **demonstrate** 논증하다, 설명하다, 증명하다
  Every object *demonstrates* life in those times.
  모든 사물이 당시 생활상을 보여준다.

- **originate** 시작하다, 창설하다, 창조하다
  How did these ideas *originate*? 어떻게 해서 이런 생각이 나왔는가?

- **adapt** 적응시키다, 순응시키다, 익숙해지다
  She *adapted* herself to the new circumstances.
  그녀는 새 환경에 적응했다.

- **direct** 지시하다, 지도하다, 감독하다
  She *directs* her brother's homework.
  그녀는 남동생의 숙제를 감독한다.

- **participate** 참가하다
  She *participates* actively in local politics.
  그녀는 지역 정치에 적극적으로 참여한다.

- **administer** 관리하다, 다스리다, 운영하다
  He *administers* a sales department of the company.
  그는 회사에서 영업부를 관리한다.

- **eliminate** 제거하다, 삭제하다, 탈락시키다
  Eliminate all errors from the manuscript.
  원고에서 틀린 것을 모두 제거해라.

- **perform** 수행하다, 이행하다, 성취하다
  She *performs* her duties well. 그녀는 직책을 잘 수행한다.

- analyze 분석하다, 분석적으로 검토하다
  Let us *analyze* the cause of the victory.
  승리의 원인을 꼼꼼히 살펴보자.

- establish 설립하다, 확립하다, 제정하다
  We should *establish* a service center in London.
  우리는 런던에 서비스 센터를 설립해야 한다.

- plan 계획하다, 마음먹다
  I am *planning* to go to Europe.
  나는 유럽으로 갈 계획이다.

- approve 찬성하다, 승인하다, 동의하다
  I *approve* your choice.
  나는 네 선택을 찬성한다.

- expand 넓히다, 확장시키다, 전개하다
  Why don't you *expand* your story into a novel?
  당신의 이야기를 소설로 확대해보는 게 어때요?

- pinpoint 정확하게 지적하다
  It's difficult to *pinpoint* what was wrong.
  무엇이 잘못되었는지 정확하게 지적하기는 어렵다.

- coordinate 대등하게 하다, 통합하다, 조정하다
  An office was established to *coordinate* distribution.
  유통을 통합하기 위해 사무소를 설립했다.

- expedite 진척시키다, 촉진시키다, 신속히 처리하다
  The government plans to *expedite* the emergency relief plan.
  정부는 긴급구호 계획안을 신속히 처리할 계획이다.

- conceive 상상하다, 생각하다
  I *conceive* that is true.
  나는 그것이 진실이라고 생각한다.

- found 기초를 세우다, 설립하다
Our school was *founded* in 1950.
우리 학교는 1950년에 설립되었다.

- propose 제안하다, 제출하다, 계획하다
She *proposed* setting up a new committee.
그녀는 새 위원회 설립을 제안했다.

- conduct 행동하다, 지휘하다
We *conduct* regular checks on the quality of our products.
우리는 상품 품질에 대해 정기 점검을 실시한다.

- generate 일으키다, 발생시키다, 생기게 하다
This topic *generates* a lot of heat.
이 화제는 격론을 많이 불러일으키고 있다.

- prove 입증하다, 증명하다, 시험하다
We can *prove* her innocence.
우리는 그녀의 결백을 입증할 수 있다.

- influence 영향을 미치다
What most *influenced* you in your choice of car?
당신의 차를 선택하는 데 가장 큰 영향을 미친 것은 무엇입니까?

- provide 제공하다, 공급하다, 준비하다
We must *provide* for old age.
우리는 노후를 준비해야 한다.

- control 지배하다, 관리하다, 통제하다
A captain *controls* his ship and crew.
선장은 배와 선원을 통제한다.

- implement 이행·실행하다, 필요한 조건을 충족하다
We should *implement* our plan.
우리는 계획을 실행해야 한다.

- recommend 추천하다, 권하다
  I would *recommend* you see a solicitor.
  난 당신에게 변호사를 만나보라고 권하겠어요.

- create 창조하다, 창작하다, 야기하다
  This will *create* problems years ahead.
  이것은 앞으로 수년간 문제를 일으킬 것이다.

- reduce 줄이다, 진압하다
  This pill will *reduce* your pain.
  이 알약이 네 고통을 줄여줄 것이다.

- delegate (대표를) 파견하다, (책무를) 위임하다
  The job had to be *delegated* to an assistant.
  그 일을 조수에게 맡겨야 했다.

- motivate ~에게 동기를 주다, 자극하다
  He was *motivated* by ambition.
  그를 자극하는 것은 야망이다.

- reinforce 강화하다, 증강하다, 보강하다
  Extra troops will be sent to *reinforce* the army.
  그 부대를 보강하기 위해 보충 부대가 파견될 것이다.

- organize 조직하다, 체계화하다, 정리하다
  You should *organize* your ideas before writing the essay.
  에세이를 쓰기 전에 아이디어를 정리해야 한다.

- reorganize 재편성하다, 개조·개혁하다
  He *reorganized* the outfit into a stronger competitor.
  그는 회사를 더 강력한 경쟁업체로 개편했다.

- revamp 개조하다, 개혁하다, 혁신하다
  We need to *revamp* the outdated system of education.
  우리는 시대에 뒤진 교육제도를 개편할 필요가 있다.

- revise 교정하다, 정정하다, 수정하다
  This book has been completely *revised*.
  이 책은 전면 개정되었다.

- review 다시 조사하다, 정밀하게 살피다, 관찰하다
  She is *reviewing* her work.
  그녀는 자신의 일을 검토하고 있다.

- schedule 예정에 넣다, 기재하다
  I will fit my *schedule* around yours.
  내 스케줄을 너에게 맞추겠다.

- set up 시작하다, 창설하다, 갖추다
  Everything was well *set up* in this conference room.
  이 회의실은 모든 게 잘 갖추어져 있다.

- structure (생각 · 계획 등을) 구성하다, 조직화하다
  You have to *structure* your time effectively.
  너는 시간을 효과적으로 짜야 한다.

- supervise 감독하다, 관리하다, 지시하다
  He is *supervising* a team of mechanics.
  그는 기계공 팀을 관리하고 있다.

4 Step-by-Step 자기소개서 쓰기

Are you ready? 지금부터 자기소개서를 써볼까요?

하나의 자기소개서를 서론(Beginning), 본론(Body), 결론(Ending)의
여러 unit으로 나누어 써봅니다. 이렇게 4~7개 unit이 끝나면 하나의
자기소개서가 완성됩니다.

| 코너 소개 |
이 표현을 써주세요
해당 자기소개서에 쓸 수 있는 표현이 제시되어 있습니다.

Create your own
위에 나온 표현을 사용해 4~6행 정도로 자기소개서를 씁니다. 쓰면서
페이지 하단에 있는 격려 및 조언 글을 보며 용기를 얻습니다.

 check the sample
원어민의 자기소개서를 보고 자신의 것과 비교해봅니다. 그러고 나서
원어민의 자기소개서에서 맘에 드는 표현이 있으면 배워봅니다.

 writing tutor ★
글쓰기 요령과 꼭 필요한 문법 및 어휘에 대한 설명이 들어 있습
니다. 머릿속에 잘 새겨두세요.

Case Study 1

1st paragraph(Beginning)

이 표현을 써주세요.

- crammed 빽빽한
- showered 쏟아지는
- suburban 교외의
- cosmopolitan 세계주의의
- extended family 확대가족
- settle down 정착하다

Create your own 나만의 자기소개서를 써보세요.

✓ 어린 나이에 싱가포르로 이민 간 경험과
그것으로 얻은 교훈에 대해 쓴 글입니다.

check the sample

I didn't know the concept of a foreigner until I left Korea for Singapore. Although it was not as crammed as Seoul, Singapore was still a cosmopolitan city. However, leaving all my relatives behind to move to a new country was very difficult. I could no longer visit my extended family on holidays, and I was no longer showered with attention from my grandparents. Instead in suburban Singapore, I had to quickly settle down to a foreign culture and adjust to a whole new world.

저는 한국을 떠나 싱가포르로 갈 때까지는 외국인이라는 개념을 몰랐습니다. 서울만큼 북적이지는 않았지만 싱가포르 역시 세계적인 도시였습니다. 그러나 친척들을 모두 남겨두고 새로운 나라로 떠난다는 것은 매우 어려운 일이었습니다. 저는 더 이상 명절에 가족을 방문할 수 없었고 조부모님의 쏟아지는 관심을 받을 수도 없었습니다. 대신 싱가포르 교외에서 외국 문화에 빠르게 정착해야 했고 새로운 세상에 적응해야 했습니다.

· concept 개념, 생각
· adjust 맞추다, 조정하다

writing tutor
이 글은 시작 부분으로 자신의 중요한 경험을 잘 소개하고 있군요. 한국에서의 삶을 요약해서 묘사하여 싱가포르로 이민 간 상황에 대해 짧고 간략하게 설명하고 있습니다.

2nd paragraph

이 표현을 써주세요.

- uprooted 뿌리째 뽑힌
- propel 추진하다
- adaptation 적응, 개조, 개작

Create your own 나만의 자기소개서를 써보세요.

✓ 한국에서의 익숙했던 일상과 완전히 다른 새로운 환경에 적응하면서
겪은 어려움과 교훈에 대해 설명해봅시다.

check the sample

Uprooted from my comfortable daily routines, I had to start afresh. I felt lonely and uncomfortable in my new surroundings. Things got worse when I was propelled into a completely new school system. But all this experience taught me the valuable lesson of adaptation. It allowed me to grow as a flexible and adaptable person.

안락한 일상이 송두리째 뿌리 뽑혔고 모든 걸 다시 시작해야 했습니다. 저는 새로운 환경에 외로움과 불편함을 느꼈습니다. 완전히 새로운 학교 제도에 떠밀려 들어가면서 사정은 더욱 악화되었습니다. 하지만 이 모든 경험은 값진 적응 수업이었으며 저를 융통성 있고 적응력 강한 사람으로 성장케 했습니다.

- routine 판에 박힌 일, 일상의 과정
- afresh 새로이, 다시
- surroundings (주위) 환경, 주위의 상황
- valuable 귀중한, 소중한, 귀한
- flexible 융통성 있는

writing tutor★
이 부분은 새로운 단락으로 쓰였지만 서론의 일부분입니다. 앞 단락과 합치면 도입부가 다소 긴 느낌이 들기 때문에 단락을 나눴습니다. 자신의 경험으로 얻은 교훈을 요약하고 있습니다.

이 표현을 써주세요.

- stiflingly 숨 막힐 듯이 답답하게
- close-knit (인간관계가) 긴밀하게 맺어진
- linguistically 언어학적으로
- competitive 경쟁의
- ethnically 민족적으로

Create your own 나만의 자기소개서를 써보세요.

_____

_____

_____

_____

_____

_____

_____

_____

_____

_____

_____

✓ 한국과 싱가포르에서의 생활을 비교하기 위해
우선 한국 생활을 설명해봅시다.

check the sample

In Seoul, all my relatives lived in the city, and I could always count on my cousins to keep me company. My school while stiflingly competitive, was a institution which I was familiar with. Although my apartment complex was small, its size created a close-knit community where neighbors were friendly. I was completely at home, ethnically, linguistically, and in every other respect.

모든 친척이 서울에 살아서 항상 곁에 있는 사촌들에게 의지할 수 있었습니다. 우리 학교는 숨 막히게 경쟁적이긴 했지만 친숙했습니다. 제가 살던 아파트 단지는 작았지만 이웃 간에 정답고 친밀한 공동체였습니다. 저는 인종, 언어를 비롯한 모든 면에서 완벽하게 편했습니다.

- count on ~에 의지하다, 기대하다
- community 공동체, 사회
- at home 편히, 마음 편히
- respect 관계, 관련; 점

 writing tutor ★
'keep me company'는 '나와 함께 있다'라는 의미입니다. 이때 'company'는 '회사'가 아니라 '같이 있음, 동석'의 뜻이죠. 쉽고 흔히 쓰는 단어일수록 의미가 다양한 경우가 많습니다. 이렇게 문장 안에서 단어를 접할 때마다 잘 챙겨두세요.

4th paragraph

이 표현을 써주세요.

- contrast 대비를 이루다
- demoralize 사기를 꺾다
- bigotry 편협함, 완고함
- serene 평온한
- hectic 몹시 바쁜
- slur 비방

Create your own 나만의 자기소개서를 써보세요.

✓ 싱가포르 생활을 묘사하며 자신이 겪었던 힘든 상황과 문제점을
  클라이맥스처럼 소개하는 부분입니다.

check the sample

My new life in Singapore contrasted sharply with my experience in Seoul. My new neighborhood was serene, but it lacked the friendly neighborhood environment. Going to school demoralized me because I could barely speak English. My parents were busy, and they had no time to help me after a hectic day at work. Making my life even more miserable, I experienced racial bigotry for the first time in my life. Ethnic slurs and insults made me painfully aware I was different from others.

싱가포르에서의 새로운 생활은 서울에서의 경험과 뚜렷한 대조를 이루었습니다. 새로운 동네는 평온했지만 친밀함이 결핍되어 있었습니다. 저는 영어가 거의 불가능했기 때문에 학교에 다니면서 사기가 꺾였습니다. 바쁜 일과로 피곤하신 부모님은 저를 도와줄 수 없었습니다. 제 생활을 더욱 비참하게 했던 것은 인생에서 처음으로 인종적 편협함을 경험한 일입니다. 인종적 비방과 모욕은 제가 다른 사람들과 다르다는 것을 뼈저리게 알게 해주었습니다.

• sharply 날카롭게; 호되게, 몹시
• painfully 고통스럽게

writing tutor ★
다른 사람에 대한 글을 쓰느라 힘들다고요? 그렇게 생각하지 말고 마치 내가 그런 상황에 있다고 상상하면서 실감나게 글을 이어가 보세요. 앞으로 자신의 힘든 상황을 묘사할 때 큰 도움이 될 것입니다.

이 표현을 써주세요.

- encounter 맞닥뜨리다
- motivation 자극, 동기 부여
- provoking 자극하는
- obstacle 장애물
- alter 바꾸다
- discomfort 불편, 곤란

Create your own 나만의 자기소개서를 써보세요.

✓ 앞 단락에 문제점이 제기되었으면
여기서는 그것을 어떻게 극복했는지 설명합니다.

As I encountered these new obstacles, I wondered about the motivation for our move to this new country. Seeing my parents working hard to provide me with a better future altered my negative mind-set. I realized I needed to overcome my discomforts and maximize my newfound opportunities.

이런 새로운 장애에 부딪히자 저는 새로운 나라로 이민한 동기가 궁금해졌습니다. 제게 더 나은 미래를 제공하고자 열심히 일하시는 부모님을 보고 부정적인 마음가짐을 바꿨습니다. 불편함을 극복하고 새로 발견한 기회를 극대화할 필요성을 깨달은 것입니다.

- mind-set 사고방식, 태도
- overcome 이겨내다, 극복하다
- maximize 최대화하다
- newfound 새로 발견된

writing tutor ★
두 번째 문장을 보면, 주어(Seeing ... future)가 상당히 깁니다. 주어 부분이 지나치게 길면 좋은 문장이라 할 수 없으니, 가급적 피하는 게 좋습니다.

6th paragraph

이 표현을 써주세요.
- remedial 치료하는, 교정하는
- commend 칭찬하다
- boost (사기, 기력을) 북돋우다
- expend (노력 등을) 들이다
- accolade 칭찬, 수상

Create your own 나만의 자기소개서를 써보세요.

✓ 문제를 극복해야 한다고 깨달은 후, 어떻게 자신을 변화시켜갔는지
증명하는 사례를 구체적으로 소개합니다.

check the sample

To improve my English, I attended all the remedial English classes available in my school. By expending two to three times the effort of others, I started to notice signs of improvement. By my second year in Singapore, I was rewarded with a good grade in English. At the year-end award ceremony, the principal specifically commended my achievement in front of the student body. I received other academic accolades in later years, but my first award boosted my confidence to a significant level.

영어 실력을 향상시키기 위해 저는 학교의 모든 영어 교정 수업을 수강했습니다. 다른 사람들보다 두세 배 노력한 끝에 향상의 조짐이 보이기 시작했고, 싱가포르에서 2년 만에 영어에서 좋은 성적을 거둘 수 있었습니다. 연말 시상식에서는 교장 선생님께서 전교생 앞에서 저의 성과에 대해 특별히 언급하셨습니다. 나머지 해에도 우등상을 받았지만, 첫 수상 때 저의 자신감은 한층 올라갔습니다.

· notice ~에 주의(유의)하다 · reward 보상하다
· achievement 성취, 공로, 위업 · student body 전교생, 전학생
· confidence 자신, 확신 · significant 의미심장한, 중대한

writing tutor ★
표현 하나 살펴볼까요?
두 번째 문장을 보면 "By expending…"이라는 부사구로 시작하고 있는데요. 'By -ing'는 '~함으로써'라는 의미로, 수단이나 방법을 표현합니다. 흔히 쓰이는 표현이니 잘 익혀두세요.

7th paragraph(Ending)

이 표현을 써주세요.
- beneficial 유익한
- sensitive 민감한
- transition 변천, 이행
- shape ~의 모습을 이루다

Create your own 나만의 자기소개서를 써보세요.

_____

_____

_____

_____

_____

_____

_____

_____

_____

_____

✓ 결론에 자신이 얻은 교훈을 다시 한 번 소개하며
앞으로 어떻게 도움이 될지 언급합니다.

check the sample

Although it has been fourteen years since I moved from Korea, the immigrant experience has strengthened my character in ways that will be professionally and socially beneficial for years to come. As an immigrant child, I learned to adapt to different cultures and surroundings. This skill helped me when I had to make that transition again as a college student in the US. Also, my own experiences with racism has helped me to become more sensitive toward this issue. It has helped shape me into a more open-minded person.

한국에서 이민 온 지 14년이 되었지만 이민 경험은 여러 면에서 저를 강하게 해주었고 앞으로 직업적, 사회적으로 유익할 것입니다. 저는 이민 온 아이로 서 다른 문화와 환경에 적응하는 법을 배웠고 이 능력은 제가 미국에서 대학 생활을 하며 다시 변화를 겪어야 했을 때 도움이 되었습니다. 또한 인종차별 에 대한 경험 때문에 저는 이 문제에 더욱 민감해졌고 열린 사고를 가지게 되 었습니다.

· immigrant 이주자의, 이민 · strengthen 강화하다, 강하게 하다
· adapt (환경 등에) 적응하다 · racism 인종차별주의

 writing tutor★
자기소개서의 마무리 부분입니다. 다양한 경험을 소개함 으로써 자신이 어떤 성향의 사람인지 표현하고 있습니다. 신뢰감 을 주는 효과적인 방식이라고 할 수 있습니다.

Case Study 2

1st paragraph(Beginning)

이 표현을 써주세요.

- powerhouse 발전소
- integrity 정직, 청렴, 완전한 상태
- coincide 동시에 일어나다, 일치하다
- vastly 광대하게
- cultivate 양성하다
- strengthen 강화하다

Create your own   나만의 자기소개서를 써보세요.

✓ 지원 회사의 특징과 인재상을 파악하고 거기에 맞춰서 글을 쓰세요.
물론 자신이 이 회사가 찾고 있는 사람임을 강조하세요.

check the sample

DC Bank is a global powerhouse in the financial sector. As an entry level applicant, I want to work not only for a vastly successful global institution, but one where discipline and integrity are fundamental principles of the company. Challenges and demands on employees are common in most institutes, but in DC Bank I feel I can cultivate my abilities to perform in an environment where integrity, fairness, and commitment are viewed as critical components of its employees. My background coincides well with the global image of DC bank and its desires to further strengthen its presence in the Asian market.

DC은행은 금융 부문의 세계적인 발전소입니다. 저는 신입 지원자로서 크게 성공한 국제단체일 뿐만 아니라 질서와 청렴이 기본 원칙인 회사에서 일하고 싶습니다. 대부분의 업체에서는 고용인에게 힐책하고 요구하는 게 일반적이지만 청렴, 공정, 책임이 고용의 결정적 요소로 간주되는 DC은행의 환경에서 제 능력을 키울 수 있을 것 같습니다. 제 배경은 DC은행의 글로벌 이미지와 아시아 시장에서 입지를 더욱 강화하고자 하는 욕구에 잘 부합합니다.

· applicant 지원자, 후보자 · discipline 훈련, 훈육; 규율, 풍기
· fairness 공평함 · commitment 실행, 수행
· critical 중대한; 결정적인 · component 성분, 구성 요소

 writing tutor★
이 샘플과 같이 꼭 필요하지 않은 서두가 지나치게 긴 경우 감점 요인이 될 수 있습니다.

이 표현을 써주세요.

- innovative 혁신적인
- prospect 전망
- balance 균형, 조화
- solution 해결책
- shift 변화, 변이

Create your own 나만의 자기소개서를 써보세요.

✓ 어떤 회사에서는 신입 지원자에게 부서 선택에 대한 질문을 하기도 합니다.
그렇다면 원하는 부서의 특징을 잘 파악하고 거기에 잘 어울리는 사람이라는 점을
강조해야겠죠?

check the sample

Creating innovative solutions for customers in the Asian market is not only a challenging prospect but a rewarding one. Successful deals are rewarding for both clients and prospective markets. Having lived in numerous Asian states and the US, I will understand both the needs of future clients as well as the shifts in the economic balance of this region.

아시아 시장의 고객들을 위한 혁신적인 해결책 창안은 의욕을 북돋울 뿐 아니라 보상을 줄 수 있는 전망 있는 일입니다. 성공적인 거래는 고객과 미래 시장에 보답합니다. 저는 수많은 아시아 국가와 미국에서 살았기 때문에 이 지역 경제 균형의 변화는 물론 미래 고객들의 요구를 이해할 것입니다.

• challenging 도전적인, 도발적인
• rewarding 보답하는, ~할 만한 가치가 있는
• prospective 장래의, 예상된

 writing tutor

앞선 문단에서도 'A뿐만 아니라 B도'의 의미인 'not only A but (also) B' 구문을 썼는데, 이 문단의 첫 문장에도 등장하고 있군요. 같은 표현을 반복해 쓰는 것은 좋은 글쓰기가 아닙니다. 문장구조나 단어, 표현을 다양하게 쓰기를 권장합니다. 그래야 글이 지루하지 않으니까요.

3rd paragraph

이 표현을 써주세요.

- spontaneity 자발성, 자연스러움
- diligent 근면한
- ethic 윤리, 가치 체계
- polish 닦다, 윤내다
- enhance (질·능력 등을) 높이다
- meticulous 꼼꼼한, 세심한

Create your own 나만의 자기소개서를 써보세요.

✓ 자신의 경험이 직장 생활을 하는 데 구체적으로
  어떻게 도움이 될지 서술하는 것도 좋은 방법입니다.

check the sample

Working in a magazine demands creativity, originality, spontaneity, and a diligent work ethic. I have polished these skills during my stay at the magazine, plus my position as the chief editor helped me to enhance my leadership skills, responsibility, a meticulous nature, and the ability to listen to others.

교지 활동에는 창조성, 독창성, 자발성, 근면한 노동 윤리가 필요합니다. 저는 이러한 기술을 교지 일을 통해 연마했고, 게다가 편집장이라는 직책은 리더십, 책임감, 꼼꼼함과 타인의 말에 귀 기울이는 능력을 향상시키는 데 도움이 되었습니다.

· demand 요구하다, 필요로 하다
· originality 독창성
· leadership 지도(력)

 writing tutor ★

외국계 회사는 신입사원들이 전문적인 지식과 기술보다는 사회성이 있고, 팀워크에 강하며 창의성이 있는지를 중시한다는 점, 기억해두시고요. 대부분의 회사에서 요구하는 자기소개서는 글자 수에 제한이 있기 때문에 짧지만 효과적인 글쓰기 연습을 해야 합니다.

4th paragraph(Ending)

이 표현을 써주세요.

- station 배치되다
- harmonious 조화로운
- tolerance 관용, 인내력
- interaction 상호작용

Create your own 나만의 자기소개서를 써보세요.

_____

_____

_____

_____

_____

_____

_____

_____

_____

_____

_____

✓ 자신이 경험한 바를 설명하면서 그것을 통해 무엇을 배웠는지
또 지원하는 직책과 어떤 관련이 있는지 피력해봅시다.

check the sample

I was a volunteer translator during the 2002 World Cup. I was
stationed in Daegu where I translated for the Senegal, Slovenia,
USA, and Turkey teams. Experiencing this global event helped
me realize the importance of cultural tolerance and the need
for harmonious interaction with your fellow man. Playing
a part in hosting this global event made me realize the need
to become a more global person. This is the reason why I am
applying for this position.

저는 2002 월드컵 때 통역 자원봉사자로 일했습니다. 대구에 배치되어 세네
갈, 슬로베니아, 미국과 터키 팀의 통역을 담당했습니다. 세계적 행사에서의
경험은 제게 문화적 관용과 동료 간의 조화를 이루는 상호작용의 필요성을 깨
닫게 했습니다. 국제적 행사를 주관하는 데 일익을 담당하면서 제가 보다 세
계적인 사람이 되어야 한다는 것도 알았습니다. 이것이 제가 이 직책에 지원
하게 된 이유입니다.

· fellow man 동료, 동지
· host 주인 노릇을 하다, 주최하다
· play a part 역할을 하다

 writing tutor ★
다른 지원자들과 차별된 활동이 있는 게 좋겠죠? 국내 회
사뿐만 아니라 외국계 회사에 지원할 경우 위와 같은 특별한 활동
사례를 소개하는 것이 효과적입니다. 그리고 이러한 활동이 어떤
식으로 자신이 지원하는 업무에 도움이 될지 서술해야 합니다.

Case Study 3

1st paragraph(Beginning)

이 표현을 써주세요.

- keen 예리한, 강렬한
- initiative 시작, 주도, 독창력
- hesitation 주저, 망설임, 우유부단
- highlight 돋보이게 하다, 강조하다
- extracurricular 과외의, 정규 과목 이외의

Create your own 나만의 자기소개서를 써보세요.

_____

_____

_____

_____

_____

_____

_____

✓ 특정 활동으로 얻은 능력에 대해 서술하는 내용입니다.

check the sample

In this highly competitive world, it goes without saying that a keen sense of initiative and leadership would aid an individual in society. It is with little hesitation that I choose to highlight my role in the Asian language club as my most significant participation compared to all the other extracurricular activities at school.

고도로 경쟁적인 이 세상에서 주도성과 리더십의 날카로운 감각이 개개인에게 도움이 될 것은 자명합니다. 전 학교에서 모든 과외활동과 견주어 가장 두드러지게 참여했던 아시안 랭귀지 클럽에서의 제 역할을 주저하지 않고 강조합니다.

- it goes without saying ~은 두말할 나위 없는 일이다
- significant 중대한, 중요한
- participation 참여, 참가

writing tutor
시작부터 자신이 다루고 싶은 주제를 정확하게 명시하고 있습니다. 하지만 문장의 긴 호흡은 좋지 않은 점으로 지적할 수 있겠네요. 마지막 문장을 보면 "It is with little hesitation that..." 으로 'It ... that' 강조구문을 써서, 부사구를 강조하고 있습니다. 자신이 힘주어 피력하는 바를 이런 강조구문을 활용해 쓰면 효과적입니다.

2nd paragraph

이 표현을 써주세요.

- in a bid to ~할 목적으로
- encounter 마주치다
- conduct 이끌다
- expose 노출시키다, 내놓다
- peer 동료, (나이 · 지위 등이) 동등한 사람
- sign up (클럽 · 정당 등에) 참가하다
- session 회의, 수업
- unique 유일무이한, 독특한

Create your own 나만의 자기소개서를 써보세요.

✓ 자신의 경험에 대해 구체적인 예를 들어 설명해보세요.

check the sample

The major reason behind this is the fact that I created the club in a bid to provide my peers at school with the opportunity to encounter languages from the Far East including Korean, Chinese, and Japanese. Students interested in learning one of the languages signed up for one-on-one lessons twice a week conducted by students from the respective countries. The club not only arranged private sessions, but also group studies, once a week, during which participants were exposed to some of the unique traditional aspects of Asia.

제가 클럽을 만든 가장 큰 이유는 한국어, 중국어, 일본어를 포함한 극동 언어를 접해볼 기회를 학교 친구들에게 제공하는 데 있습니다. 이 언어 중 하나를 배우는 데 흥미가 있는 학생들은 일주일에 두 번, 각각의 나라에서 온 학생이 이끄는 일대일 수업에 등록했습니다. 클럽에서는 개인 수업뿐 아니라 일주일에 한 번 참가자들이 아시아의 독특하고 전통적인 측면을 접하도록 그룹 스터디도 마련했습니다.

• one-on-one 일대일의
• respective 각각의, 각자의

 writing tutor
경험에 대한 구체적인 예를 듦으로써 자신이 어떤 능력을 발휘했는지 보여줄 수 있습니다.

3rd paragraph

이 표현을 써주세요.

- ensure 안전하게 하다, 확실하게 하다
- essential 본질적인, 가장 중요한 • management 경영, 관리
- secure 확보하다, 보장하다 • initiative 시작, 독창력

Create your own 나만의 자기소개서를 써보세요.

✓ 이 단락은 어떤 어려움을 통해 구체적으로 어떤 교훈을 얻었는지 소개하는 부분입니다.

check the sample

Organizing various programs to ensure continued interest in the club was perhaps the toughest task of all. I learned the importance of responsibility and of making quick decisions. The experience also taught me that well-coordinated teamwork is essential in maintaining a strong management of affairs and in securing favorable results. This experience taught me the important lessons of cultivating initiative, responsibility, and leadership.

클럽에 대한 흥미를 지속시킬 다양한 프로그램을 편성하는 일이 아마도 가장 힘든 과제였다고 생각합니다. 저는 책임감과 빠른 결단의 중요성을 배웠습니다. 또한 그 경험은 제게 잘 짜인 팀워크가 훌륭한 업무관리를 유지하고 좋은 결과를 보장하는 데 필수적이라는 것도 가르쳐주었습니다. 이 경험을 통해 저는 독창성, 책임감, 리더십 계발이 얼마나 중요한지 배웠습니다.

• task 일, 임무
• favorable 유리한, 좋은; 알맞은

writing tutor ★
'~을 배웠다'라고 할 때 첫 번째 문장처럼 'I learned...'라고 할 수도 있지만, 두 번째 문장처럼 "The experience also taught me..."처럼 'teach me'를 써도 좋습니다. 같은 말이어도 다양하게 표현해야 한다는 것, 잊지 마세요.

4th paragraph(Ending)

이 표현을 써주세요.

- several 몇몇의
- determine 결정하다, 결심하다
- melting pot 도가니, (여러 다른 요소가) 융합되어 있는 장소
- esteemed 존경받는
- key factor 핵심적인 요소
- principle 원리, 주의

Create your own 나만의 자기소개서를 써보세요.

✓ 결론 부분에서 다시 한 번 어떻게 자신이 회사에 기여할 수 있을지
구체적으로 서술함으로써 가능성을 강조하고 있습니다.

check the sample

There are several key factors that help to determine one's
goals and principles in life. One of the most important factors
would be an individual's own personal experience. I would
bring along with me, my fair share of knowledge, and
experiences to add to the intellectual melting pot, which your
esteemed institute represents.

인생의 목표와 원칙을 정하는 데 일조하는 몇 가지 핵심 요소가 있습니다. 가
장 중요한 요소 중 하나는 개인의 경험입니다. 존경받는 귀 기관을 대표하는
지성의 도가니에 저의 지식과 경험을 더하도록 하겠습니다.

* esteem 존경하다; 평가하다, 간주하다
* bring along 갖고 가다

 writing tutor★
이 샘플의 경우, 경험만을 언급해서 구체성이 떨어지는 약
점을 보이고 있네요. 이러한 경험을 '어떻게' 잘 적용시켜 자신의
능력을 발휘할지 구체적으로 쓰는 것이 더욱 효과적이겠죠?

Case Study 4

1st paragraph(Beginning)

이 표현을 써주세요.
- sincerity 성실, 정직
- peer 동년배, 동료
- modesty 겸손, 수줍음
- delicate 섬세한, 우아한

Create your own 나만의 자기소개서를 써보세요.

_____

_____

_____

_____

_____

_____

_____

✓ 경력사원일 경우를 가정하고 본인을 소개하는 글입니다.

check the sample

I was born as the youngest child of two. My father was a professor at a local university. Born into a traditional Korean family, I was taught to value the principles of sincerity and modesty. I have good personal relationships with all my peers and I believe I have a gentle and delicate character.

저는 둘 중 막내로 태어났습니다. 아버지는 지방 대학의 교수셨고 전통적인 한국 가정에서 태어난 저는 성실과 겸손이라는 도덕 기준에 가치를 두도록 배웠습니다. 저는 친구들과 인간적인 좋은 관계를 맺고 있고 스스로를 온화하고 섬세한 성격이라고 믿습니다.

- traditional 전통적인, 전통의
- value 소중히 하다, 높이 평가하다

 writing tutor ★
이 부분에서 자신의 출생 및 성장배경을 간단하게 소개하고 집안 교육이라든지 자신이 소중히 여기는 인생철학을 강조합니다. 여기서 주의할 점은 이 부분을 지나치게 길게 쓰지 않아야 한다는 것입니다.

2nd paragraph

이 표현을 써주세요.

- pursue 추구하다
- workload 작업량
- constant 불변의, 일정한, 끊임없이 계속하는
- active 활동적인, 적극적인
- heavy 대량의, 힘겨운
- curriculum 교육과정
- overcome 극복하다
- mature 성숙시키다

Create your own 나만의 자기소개서를 써보세요.

✓ 자신의 교육과정을 설명하는 단락입니다.

check the sample

Since elementary school I had a gift for working with my hands. Hence I had a dream to become an artist or a scientist when I grew up. In university, I entered the department of physics in the hopes of pursuing my childhood dreams. Due to the heavy workload of my curriculum, I was always under constant stress and pressure. To overcome this problem, I was an active member of the school's computer club. My experiences here working with others helped me mature into a sociable person.

저는 초등학교 때부터 손재주가 있었습니다. 그래서 자라면 예술가나 과학자가 되겠다는 꿈이 있었습니다. 저는 어릴 적 꿈을 추구하고자 대학에 물리학부로 입학했습니다. 고된 학업량 때문에 저는 항상 스트레스와 중압감에 시달렸습니다. 저는 문제를 극복하기 위해 학교 컴퓨터 동아리에 가입해 적극적으로 활동했습니다. 여기서 다른 사람들과 함께 일한 경험 때문에 저는 사교적인 사람으로 성숙했습니다.

• sociable 사교적인; 사귀기 쉬운

 writing tutor★
단지 교육과정을 나열하기보다는 당시 힘들었던 점과 그것을 어떻게 극복했고 어떤 교훈을 얻었는지 강조하는 것이 중요합니다.

3rd paragraph

이 표현을 써주세요.

- related 관련된
- state-of-the-art 최첨단의
- manufacturer 제조업체, 회사
- period 기간, 시기, 시대
- internship 직업연수
- in charge ~을 맡고 있는
- teamwork 팀워크, 협동작업

Create your own 나만의 자기소개서를 써보세요.

✓ 이 단락에서는 학창 시절 주로 공부했던 과목과 구체적인 내용을 설명해봅시다.

check the sample

In university I majored in physics and I also studied laser optics. During an internship at XYZ Institute of Technology, I learned many state-of-the-art technology. I was also part of the research team in charge of developing a new hydrogen afterburner for a local manufacturer. During this period, I not only learned to use some of the latest equipments in this field, but most importantly the importance of teamwork in this line of work.

대학에서 물리학을 전공하고 레이저 광학도 공부했습니다. XYZ기술연구소에서 인턴십을 하는 동안 많은 최신 기술을 배웠습니다. 또한 저는 지역 제조사의 수소재연소장치의 개발을 담당하는 연구팀의 일원으로 있었습니다. 이 기간 동안 저는 이 분야의 일부 최신 설비 사용법뿐만 아니라 공정 라인에서 팀워크의 중요성을 배웠습니다.

- optics 광학
- hydrogen 수소
- afterburner (제트엔진의) 재연소장치
- equipment 장비, 설비

 writing tutor ⭐
이러한 내용을 통해 자신이 지원하는 회사에 어떤 식으로 도움이 될지 알릴 수 있습니다. 특히 인턴십 같은 경험에서 배운 기술과 맡았던 업무 소개가 중요합니다.

4th paragraph

이 표현을 써주세요.

- acquire 획득하다, 취득하다
- efficiency 효율성, 능률
- contribute 기고하다, 공헌하다
- mass production 대량생산
- process 처리하다, 저장하다
- analyze 분석하다
- thesis 논제, 학위논문

 Create your own 나만의 자기소개서를 써보세요.

_____

_____

_____

_____

_____

_____

_____

_____

_____

✓ 자신이 전 직장에서 어떤 업무를 맡았고
   어떤 성과를 얻었는지 설명하는 부분입니다.

After graduation, I entered DC Electronics Co. Here I acquired management skills of high quality products. I also processed tasks for efficiency by analyzing factory equipment. I have also contributed a thesis to *Science for You* magazine on the future of this industry. I was also the chief engineer who helped create mass production for our products.

졸업 후 DC전자에 입사했습니다. 여기서 고품질 생산품의 관리 기술을 습득했습니다. 또한 공장 설비를 분석하여 효율성과 관련된 업무를 처리했습니다. 〈당신을 위한 과학〉지에 업계의 미래에 대한 논문도 기고했습니다. 또한 수석 엔지니어로서 저희 상품의 대량생산 창출에 기여했습니다.

writing tutor ★

이 단락은 경력사원에게 가장 중요한 부분일 것입니다. 많은 분들이 그냥 자신이 맡았던 업무를 소개만 하는데요. 기억하세요! 항상 자신이 맡았던 업무나 책임졌던 프로젝트가 어떤 성과가 있었는지 설명해야 합니다. 회사는 바로 이런 실적(achievement)에 관심이 있습니다.

5th paragraph(Ending)

이 표현을 써주세요.

- field 분야, 활동 범위
- laboratory 실험실
- technical 기술의, 전문적인
- background 배경, 배경 정보
- match 어울리다, 적합하다

Create your own 나만의 자기소개서를 써보세요.

✓ 지원 동기에 대해 다시 한 번 강조하세요.

check the sample

Now I would like to have new challenges in this field. I believe I need to move onto new challenges to upgrade my career. If I am given a chance to work in your company, I think my engineering, development, and laboratory experiences will be an asset to your firm. My teamwork experiences, personality, and technical background match the position that I am applying for. I kindly hope that you would consider my application.

Thank you very much.

이제 이 분야에서 새롭게 도전하고 싶습니다. 저는 커리어를 향상시키기 위해 새로운 도전을 해야 한다고 믿습니다. 만약 귀사에서 일할 기회가 주어진다면 저의 엔지니어링, 개발, 연구실 경험이 귀사에 자산이 되리라 생각합니다. 저의 팀워크 경험, 성격, 기술적 배경도 지원하는 자리에 부합합니다. 부디 저의 지원을 진지하게 고려해주시길 바라는 바입니다. 대단히 감사합니다.

- upgrade 개량하다
- asset 자산, 재산

 writing tutor ★
여기서는 자신이 지원하는 이유를 설명했습니다. 구체적으로 자신의 어떤 경험이 이 직업에 적합할지 서술하세요. 이때 무조건 '적합하다'는 것이 아니라 타당한 근거를 제시해야 합니다. 물론 끝으로 감사 표현도 잊지 마세요!

5 나만의 자기소개서 직접 써보기!

그동안 직접 써보면서, 또 원어민의 샘플을 보면서 많은 것을 익혔지요? 그럼 마지막으로 자신만의 자기소개서를 써보도록 합니다. 앞의 조언과 요령을 기억하며 한번 도전해봅시다.

마지막 체크리스트

자, 자기소개서를 완성하셨지요? 작성한 자기소개서를 다시 보면서 다음과 같은 부분을 한번 점검해보세요. 자기소개서 쓰는 것이 능숙한 분들도 꼭 체크해야 하는 사항입니다.

☐ 1. 각 단락은 논리적인 순서로 이어지고 있으며 읽는 사람 입장에서 내용이 조리 있게 전개되는가?

☐ 2. 글 내용 중에 읽는 사람이 "왜 이렇지?"라는 의문점이 생길 만한 부분은 없는가? 근거 없는 주장이나 구체적으로 설명되지 않은 부분이 있는지 확인하라.

☐ 3. 독자의 관심을 끌 만한 소개글이 적절히 들어갔는가?

☐ 4. 자신이 전달하고 싶은 메시지가 결론 부분에 잘 묘사되었는가?

☐ 5. 문법 오류나 오타가 없는가?

Goodbye

고민 많이 했다. 과연 어떻게 하면 영어 글쓰기를 좀 더 쉽게 독자들에게 전달해줄 수 있을까?

답은 간단했다. 본인 김지완이 했던 것처럼 체험학습보다 좋은 것은 없다는 결론에 도달하게 되었다. 다시 말해, 독자들이 우리의 설명을 약간 듣고서 바로 써보는 것이다.

자전거를 타보지 않고서는 탈 수 없듯이, 또 그 누구도 넘어지지 않고서는 자전거를 배울 수 없듯이, 영어로 글쓰기도 본인이 직접 써봐야지만 또 실수를 직접 거듭해봐야지만 할 수 있다.

"글은 써봐야 쓸 수 있고 말은 해봐야 할 수 있다."

이것은 간단한 진리다.
하지만 아직도 이 간단한 진리를 모른 채 혼자 흥에 겨워 지겨운 설명만 늘어놓는 선생님들도 많이 계신 것 같다.

Just do it!

어린 시절 우리는 이것을 알았기에 쉽게 언어를 배웠다.
다시 어릴 적 기억을 되살려보자.

김지완, 김영욱

50만 독자가 입증한 영어 학습의 신세계
10년 공부보다 확실한 하루 30분 30일의 기적!

이미 알고 있는 단어와 문법만으로도 충분하다.
당신은 영어를 몰라서 못하는 것이 아니라 해보지 않아서 못하는 것이다.
'안 되는 영어'를 '되는 영어'로 바꿔주는 실용적인 영어 학습법,
3030 English 말하기·듣기·쓰기 시리즈 드디어 완간!

mp3파일 무료 다운로드 방법: 김영사 홈페이지 www.gimmyoung.com에서 '3030 English mp3 다운로드' 배너 클릭

말하기

하루 **30분씩 30일**이면
미국 유치원생처럼 말할 수 있다 (1탄)

10년 넘게 영어 공부에 매달렸으면서, 간단한 영어 한 마디 못하는 바로 당신을 위한 책. 지금 알고 있는 문법과 단어만으로 하루 30분, 30일만 큰 소리로 외치면, 내 안에 잠들어 있던 영어 실력이 깨어난다!

김지완 지음 | 208쪽 | mp3파일 무료 다운로드

하루 **30분씩 30일**이면
미국 초등학생처럼 말할 수 있다 (2탄)

유치원 졸업하고 미국 초등학생이 되자! 보다 다양해진 문형과 조동사, 시제를 활용해 일상적으로 필요한 문장을 만든다.

김지완 지음 | 196쪽 | mp3파일 무료 다운로드

하루 30분씩 30일이면
영어 일기를 쓸 수 있다 1탄

이미 알고 있는 영문법으로 생생한 나만의 일기를 쓴다. '필수 어휘로 글쓰기'
부터, '원어민이 쓴 글 괄호 채우기' '주어진 상황에 맞는 글쓰기'까지 3단계 체
계적 훈련법으로 라이팅의 기초를 탄탄히!

김지완·김영욱 지음 | 208쪽

하루 30분씩 30일이면
영어 편지와 소설을 쓸 수 있다 2탄

가까운 사이에 쓰는 편지, 회사에서 보내는 공적인 이메일, 상상력 넘치는 소
설이 술술 써진다. 이제 편지와 소설 쓰기로 영어 실력 한 단계 업그레이드!

김지완·김영욱 지음 | 176쪽

하루 30분씩 30일이면
영문이력서를 쓸 수 있다 3탄

시선을 끄는 서론부터 적합한 인재임을 어필하는 본론과 깔끔한 마무리까지,
엄수해야 할 영문이력서의 기본 형식을 손으로 익힌다. 이력서 전용 문법,
필수 어휘 트레이닝으로 준비된 인재임을 뽐내자!

김지완·김영욱 지음 | 160쪽

하루 30분씩 30일이면
토플 에세이를 쓸 수 있다 4탄

자기주장을 명확하게 쓰는 토플 에세이로 논리 정연한 글 한 편을 완성한다.
기본 공식에 따른 문단 구성 방법부터 주제에 맞추어 간결하고 명확하게 작성
하는 요령까지, 한눈에 펼쳐지는 토플 라이팅 비법!

김지완·김영욱 지음 | 208쪽 | mp3파일 무료 다운로드